Klaus Weber

Jagdszenen aus Oberbayern

Vom Überleben in der Provinz

Argument

Deutsche Originalausgabe
Alle Rechte vorbehalten
© Argument Verlag 2020
Glashüttenstraße 28, 20357 Hamburg
Telefon 040/4018000 – Fax 040/40180020
www.argument.de
Umschlag: Martin Grundmann
Druck und Bindung: CPI books GmbH, Leck
Gedruckt auf säure- und chlorfreiem Papier
ISBN 978-3-86754-520-4
Erste Auflage 2020

Inhalt

I Intro ... 5

II Abkunft – Welt statt Heimat ... 9

Der »Aufstieg«: Das UNTEN spürst du immer ... 10
K und Auschwitz: Die Rede ... 21
Die Gefundene ... 37

III Auskunft – Aus nächster Nähe, entfernt ... 41

Jagdszenen aus Oberbayern ... 43
  *Politik in Oberbayern – Harmonistischer
    Totalitarismus als Politikersatz* ... 45
  *Ver(ge)walt(ig)ung: Zweckrationale Bürokratie
    vs. Anerkennung* ... 52
  Verzweifeln an Bayern ... 68
  *Hitler statt Auschwitz: Die Koalition funktionaler
    Erinnerungspolitiker* ... 73
  Opfer, Täter und Vernichtete ... 80
  Endlösungs- und Vernichtungsdenken und -reden ... 85
  Opferschuld und Mördermitleid ... 89
  Alles beim Alten – mit etwas mehr Grün ... 93
  *Sozialwissenschaft und Führerschaft:
    Armin Nassehi* ... 97
  Eigentümliche Heimat – Heimatliches Eigentum ... 102
  Einübung in zivilen Gehorsam ... 104

Am gefährlichsten sind die Ungefährlichen –
  Bayerisches Polizeiaufgabengesetz 111

IV Zukunft – Die Welt für alle 117

Bayern anders: Das Kripperl und die Revolution 120
Marx und die Liebe 129
Vom Fisch, der nicht weiß, was Wasser ist 135
Die ganze Welt für alle 150

V Extro 163

Literatur 168

I Intro

> Sein Forschergeist sagte ihm,
> Denken sei an lebendige Erfahrung gebunden,
> weshalb man auch aus der Geschichte
> vor allem lernen könne,
> dass man aus ihr nichts lernen kann
>
> (Scharang / Komödie des Alterns)

Ich dachte, es sei zu Ende. Zu Ende die unerlässliche Arbeit an der Frage, wie es zum deutschen Faschismus, zum Holocaust, vor allem aber zur gefühlsgeladenen Zustimmung der meisten Deutschen zu den Nazis und zu Hitler sowie zur gefühllosen Zurkenntnisnahme der Vernichtung jüdischer Menschen, Sinti und Roma, politisch, sozial und anders konstruierter »Außenseiter_innen« kommen konnte. In meinem Hitler-Büchlein aus dem Jahr 2016 schrieb ich: »Wenn ich dieses Kapitel geschrieben habe, werfe ich [Hitler] raus. Ich muss ihn nicht töten, ich sehe keine Gefahr in ihm, ich bin ›durch‹ mit ihm, einzig Leere und Ödnis im Kopf entstehen, wenn ich von ›Adolf Hitler‹ höre. Kein Geifer mehr, kein Gedanke und kein Gefühl« (2016, 137). Doch nicht zum ersten Mal in meinem Leben habe ich mich eines Besseren belehren lassen müssen und wollen.

Die in Deutschland, in Europa und in vielen anderen Ländern entstehenden autoritären Regimes mit unterschiedlichen diktatorischen Tendenzen – aufbauend auf der Ablehnung, dem Hass und dem dazugehörigen Vernichtungswillen gegenüber Menschen, die sich nicht zum eigenen »Volk«, zur »Volksgemeinschaft« zählen dürfen (vgl. Rabinovici & Klenk 2018) – haben mehr mit Adolf Hitler und seiner faschistischen Bewegung und Partei zu tun, als die neofaschistischen, völkischen und nationalistischen Protagonisten vorgeben. Ob Viktor Orbán (Ungarn), Sebastian Kurz (Österreich), Jarosław Kaczyński (Polen) oder Jair Bolsonaro (Brasilien) und Donald Trump (USA): Sie alle ermächtigen sich dadurch, dass sie »Fremde«, Nicht-Weiße, unangepasste und selbstbewusste Frauen und Männer, Linke, Antifaschist_innen und alle ihnen nicht genehmen Menschen und Gruppen als »Gefährder_innen« der weißen, männlichen, nationalbezogenen Lebensweise zum Feindbild erklären. In Deutschland sind es Björn Höcke und der völkisch-nationalistische Flügel der AfD, die ganz offen ihre Sympathien für das faschistische Deutschland zwischen 1933 und 1945 zeigen und fast ebenso offen zum gewalttätigen »Einsatz« gegen die ihre Heimat »überflutenden« Fremden aufrufen. Ein viertes Mal lese ich Hitlers *Mein Kampf* – nun in der kritischen Ausgabe des Münchner *Instituts für Zeitgeschichte* (Hartmann 2016) – und parallel dazu den Interviewband von Höcke. Nicht nur formal gleichen sie sich (Kindheit, Ausbildungsjahre, Militär, Parteiarbeit etc.), auch inhaltlich bezieht sich Höcke auf völkische Autoren, die bereits von Hitler goutiert wurden.

Alle Fest- und Feiertagsreden deutscher Politiker_innen sind Makulatur. Keiner – vom Bundespräsidenten bis zum linken Thüringer Ministerpräsidenten – ist bereit, die AfD als neue Nazi-Partei zu bezeichnen[1]. Zudem: Wer von ihnen selbst in puncto Rassismus, Antisemitismus und Volksgemeinschafts- wie Heimatideologie das Feld für die neu-alte völkisch-nationalistische Partei und Bewegung den Boden vorbereitete (Gauck, Seehofer, Gabriel, Habeck, Kemmerich, Wagenknecht und viele andere), darüber schweigen sich die »Demokrat_innen« gerne aus. Vor nicht allzu langer Zeit waren Worte wie »Asyltourismus«, »Einwanderung in unsere Sozialsysteme«, »Liebe zu Deutschland« auf der rhetorischen Tagesordnung der Berliner Parallelgesellschaftsmitglieder; die konservative Presse (Welt, FAZ, SZ) gab an manchen Tagen Alexander Gauland und anderen Faschist_innen mehr Raum für Artikel und Interviews als allen anderen Parteien zusammen. Die AfD ist nur die Spitze des Eisbergs, sein größerer Teil liegt unter Wasser. Und vergessen wir nicht: Die Gewässer sind insgesamt sehr, sehr kalt.

---

[1] Einzig der bayerische Ministerpräsident Markus Söder war im Frühjahr 2020, wenn auch aus taktischen Gründen, in der Lage und bereit, die AfD als »neue NPD« und ihre Mitglieder als »Nazis« zu bezeichnen.

II Abkunft – Welt statt Heimat

> kein Mensch schaut nach,
> ob es hinter den Menschen,
> die ihre Heimat verkaufen,
> auch wirklich so aussieht, wie es,
> die lügen ja wie gedruckt,
> hier so bunt abgebildet ist
>
> (Jelinek / Die Kinder der Toten)

Der »Aufstieg«: Das UNTEN spürst du immer[2]

I

ich mache mich auf die suche. in die vergangenheit. angefragt bin ich als einer, der etwas »besonderes« sein soll: professor, aber aus der arbeiterklasse. was ist das sonderbare, dessentwegen ich mich bis heute von den dünkelklugen, den jackettfiguren und selbstverständlichkeitsexperten sondere? was an mir lässt diese mir den rücken zudrehen, die worte überkomplex wählen, das rotweinglas bei der abendsoirée feinfingrig drehen, sodass sich mein herkunftsunten mit einer tiefen scham verbindet? bloch schreibt: »jeder mag in seinem eigenen leben die kleinen uranlässe suchen; sie werden meist ebenso geringfügig, ja kurios und komisch sein« (1988, 38). so mache ich mich auf die suche nach diesen »uranlässen«, welche das UNTEN in mir festfügten; und nach denen, die es infrage stellten, aufbrachen und zum überschreiten brachten. und bringen. tag für tag.

Duale Zahlen: Symbole des Übergangs

Den Übertritt in das Gymnasium ermöglichten nicht nur meine sehr guten Noten in der vierten Klasse, sondern ein Gespräch, das Lehrer und Pfarrer mit meinen Eltern führten. Diese waren davon überzeugt,

---

2 Der Text ist die überarbeitete Fassung von »das UNTEN spürst du immer«, erschienen in Reuter et al. (2020), 351–358.

ein Realschulabschluss müsse für ein Arbeiterkind genügen. Im Gymnasium erlebte ich das, was Eribon in Bezug auf die körperliche und soziale Zurichtung schreibt: »Die Anpassung an die Kultur der Schule und des Lernens erwies sich für mich als ein langer ... Prozess. Die körperliche und geistige Disziplin, die sie erfordert, ist nichts Angeborenes, man benötigt Zeit und Geduld, um sie sich anzueignen ... Dinge, die für andere selbstverständlich waren, musste ich mir ... Tag für Tag, Monat für Monat erarbeiten« (2015, 158/59). Aus vielerlei Gründen war Schule für mich – bei aller Anstrengung – eine Freude. Erst im Gymnasium in Rosenheim spürte ich den Riss zwischen meinem Leben und den Geschichten, die Mitschüler über ihre Eltern, ihre Freizeit, ihre Wohn- und Spielverhältnisse zum Besten gaben: Da waren Teppiche in Wohnzimmern zu bestaunen, da musste man Schuhe vor der Haustüre ausziehen, da stand ein Klavier in einem eigens dazu bestimmten Musikzimmer; nicht aus den Bergen oder aus dem kommunalen Freibad kamen andere vom Urlaub zurück, sondern aus Rimini, Mallorca oder den USA. Und auch das Lernen selbst wurde schwer; zudem war ich mit meinem Lernmaterial alleine – Mutter wie Vater konnten mir nicht helfen, weil sie den »Unterrichtsstoff« nicht verstanden, bestenfalls. Schlechtestenfalls wurde ich ausgelacht, weil ich Sachen lernen sollte, die vor allem aus der Sicht meines Vaters unpraktisch und lebensfremd waren. Beleidigungen wie »Bleistiftspitzer« und »Kopfgesteuerter«, Behauptungen wie die, ich könne keinen Nagel in die Wand schlagen, musste ich gekränkt über mich ergehen lassen. Ich erinnere mich, dass ich mit unheimlichem Stolz aus der sechsten Klasse des Gymnasiums nach Hause kam und vom Mathematikunterricht erzählte. Wir hatten an diesem Tag das Thema »duale Zahlen« durchgenommen, und eigenartigerweise verstand ich die Logik dieser damals revolutionären mathematischen Neuerung. Als ich am Mittagstisch meine Mitschrift aus der Schulstunde aufblätterte, bekam ich als Reaktion auf meine »lächerlichen« zwei Symbole – 0 und 1 – dumme Sprüche und ein hämisches Lachen meines Vaters zu hören. Damals schwor ich mir: »Es wird Zeiten geben, da werde ich über euch lachen. Wenn ich schon schwächer bin und nicht zurückschlagen kann, dann werde ich klug!« Doch nicht nur innerfamiliär spürte ich die Herkunft aus der Arbeiterklasse am eigenen Leib und im eigenen Herzen, auch und gerade außerhalb der scheinbar schützenden Mauern des Familiendaseins musste ich erleben, dass und wie die Zugehörigkeit zu den »Unteren« ihre Spuren hinterließ.

II

demütigungen pflastern meinen weg. nicht bin ich daran zerbrochen, doch alle tun sie weh, manche bis heute. die selbstverständlichkeit der bourgeoisen rede hat keinen platz, an dem ICH anwesend sein könnte. doch wer sagt, dass der platz ihnen gehört?

wer sagt, dass es nicht andere, bessere plätze gibt, die zu suchen und zu finden sind – in dieser welt.

Auf das OBEN herabschauen – von UNTEN

Die Diplomzeugnisse sind verteilt; wir Student_innen aus der politisch aktiven Fachschaft kommen ein letztes Mal zusammen. Ich berichte freudig über eine Stelle als freiberuflicher Psychologe, die ich beim TÜV Süd in der Fahreignungsbegutachtung bekommen habe, mit einer Bezahlung, die es mir ermöglicht, weiter in München zu leben und nebenbei zu promovieren. A., Architekten- und Hausbesitzerstochter, theoretisch radikal wie wir alle, fragt: »Ist das auch politisch korrekt, was du da arbeitest?« Die Borniertheit dieser Frage, die nur stellen kann, wer keine Ahnung davon hat, was es heißt, täglich in die Ketten des Broterwerbs gezwungen zu sein (bei Strafe von Arbeitslosen- oder Sozialhilfe), ist dem Bourgeoisiekind ebenso wenig zugänglich wie das mögliche Wissen um die Kränkung, die in ihren Worten steckt. Jahre später, unser Kontakt beschränkt sich auf seltene Treffen, ein weiterer Schlag: »Eine Fachhochschulprofessur würde mir nicht reichen, darauf bewerbe ich mich erst gar nicht.« Heute bekleidet sie eine Universitätsprofessur – und schreibt Bücher über »Ungleichheit«.

Annie Ernaux und Édouard Louis – beide Gewährsmenschen für Eribons Schriften – gehen davon aus, dass es eine Grenze zwischen der bürgerlichen und der Arbeiterklasse gibt, habituell sowie sprachlich.

Für Louis scheint sie unüberwindbar: »Weil etwas über uns gekommen ist ... und diese Verdikte bewirken, dass gewisse Lebensentwürfe, gewisse Erfahrungen, gewisse Träume unerreichbar sind« (2019, 31), schreibt er; Ernaux dagegen erkennt, dass sie selbst das vertraute Leben verlassen kann und will, und also nicht mehr, nie mehr, zurück in die »alte Welt« kann: »Ich habe mich dem Willen der Welt, in der ich lebe, gefügt, einer Welt, die einen die Herkunft aus einfachen Verhältnissen vergessen machen will, als wäre sie ein Ausdruck schlechten Geschmacks« (2019, 61). Selbst Eribon schreibt so, als gäbe es nur UNTEN und OBEN – und keinen dritten Weg: »Der Zugang zur ›legitimen‹ Kultur markiert den Anfang einer aufsteigenden Bahn und somit auch des ›Klassenverrats‹« (2017, 123), nicht merkend, dass er mit seinen Worten die Klassenverhältnisse reproduziert, anstatt sie infrage zu stellen. Er hat keinen Begriff von Subjektivität, der einen realen Handlungsspielraum der Individuen – bei aller Gewaltförmigkeit der Verhältnisse – eröffnen würde. Der Satz: »Wir sind so sehr Produkte der Ordnung der sozialen Welt, dass wir sie am Ende selbst reproduzieren« (ebd., 63), macht die Subjekte zu geformten Objekten gesellschaftlicher Wirklichkeit ohne Alternative, sich individuell dazu verhalten zu können. Wo eine differenzierte Analyse der subjektiven Denk-, Fühl- und Handlungsmöglichkeiten (bzw. deren Beschränkung) notwendig wäre, fällt Eribon in eine lamentierende Ohnmachtsposition. Es gibt aber keine »Notwendigkeit«, sich dem herrschenden »kulturellen und intellektuellen Milieu« zu unterwerfen; was es gibt, sind Nahelegungen an die Einzelnen, sich auf gewisse Art und Weise zu verhalten, wenn sie weiterkommen, Erfolg haben wollen etc. Die möglichen Alternativen dazu, und damit auch die Entwicklung einer herrschaftskritischen Persönlichkeit, kommen bei Eribon erst gar nicht in den Blick. So ging er den Weg nach OBEN und streift sein Kinder- und Jugendleben an der Schwelle zur bürgerlichen Wissenschaft ab. Doch wer sagt, dass es nicht andere Ein-, Zu- und Ausgänge gibt?

III

schon nicht zu wissen, wie das glas rotwein »richtig« zu halten ist, macht mich klein. alle anderen scheinen es – einfach so – zu wissen.

Scham und Unscham

Ernst-Bloch-Tagung in der Evangelischen Akademie Tutzing, Mitte der 1980er Jahre. Vorträge halten Alfred Schmidt (verstanden) und Jan Bloch (verstanden). Den Hauptvortrag hält Günter Figal, der in Heidelberg Philosophie lehrt. Ich verstehe nur Wörter, aber sie ergeben in meinem Kopf keinen Sinn. Am Abend stehen die »Jünger« Figals (seine Studenten, nur Männer) im Salon der Akademie im Kreis, ihm zuhörend. Ich dränge mich dazu, unverschämt, und frage, wieso er so unverständlich spreche. Nicht nur, dass er mich nicht ansieht; nicht einmal eine Reaktion bin ich ihm wert. Er doziert weiter zu seinen Adepten: Alle halten Rotweingläser in ihren Händen. Jahre später versuche ich von Figal etwas über Heidegger zu lesen: »Sobald die intuitiven Voraussetzungen eines sich dann bewährenden Wissens thematisiert werden, ermöglichen sie dieses Wissen nicht mehr bloß, sondern sie werden zu Bildern des Seienden, die vorgeben, als was das Seiende nun einzig in den Blick kommt« (1988, 385). Wer so schreibt, liebt die Menschen nicht. Er soll in seinem »hohen Haus« der Philosophie zu seinen versammelten Zuhörer_innen reden. Ich gehe zu den Menschen, zu den »wirklich existirenden, thätigen Menschen« (Marx & Engels 2017, 25).

IV

wer von unten, von außen, aus der fremde kommt, erkennt die dinge klarer. er kennt sich in den verhältnissen aus und hat sie überschritten. nur so ist ihm der blick darauf möglich und also enttarnt, entschleiert und verklart er diese. des kaisers neue kleider: ein märchen zur überschreitung des scheins einer sache hin zum wesen, zur wirklichkeit und wahrheit. kindern, narren gelingt diese erkenntnis; wissenschaftler_innen nur, wenn sie den dingen auf den grund gehen, zur befreiung der menschen beitragen und die welt menschlicher machen wollen: »die unterscheidung zwischen einer welt des scheins und einer welt der wirklichkeit ... ist die art und weise, auf die das denken ›zur sache selbst‹ kommt« (Kosík 1967, 14/15).

Wissenschaft: Verständnisschranke

Sommersemester 2017: Eine Studentin meldet sich und meint, sie habe mein Büchlein über Adolf Hitler (erschienen 2016) gelesen. In der ihr eigenen Sprache lobt sie meinen Schreibstil: »Das Vorwort ist ziemlich cool. Ich wollte gleich weiterlesen.« In die Stille, die darauf folgt und meiner Freude Raum gibt, ruft sie hinein: »Aber wissenschaftlich ist das nicht!?« Auf meine verwunderte Frage, wie sie das meine, entgegnet sie: »Ich habe doch alles verstanden!« Anfang 2014 habe ich beschlossen, den »wissenschaftlichen« Stil des Schreibens aufzugeben und mich – anlehnend an die Diktion Ernst Blochs – als sprachlicher »Vermittler« zu verstehen: zwischen den Dingen und den Menschen, die sich für die Dinge ihres Lebens (und was ist nicht mit unserem jeweiligen Leben verbunden) begeistern können. »Und das ist nicht die rechte Art, Menschen zu lieben, wenn man ihnen allzu verbilligtes Wissen abgibt« (Bloch 1976, 244). Es ist nicht so, dass diese neue Sprache »leichter« zu lesen und zu verstehen ist – doch sie öffnet Räume für Gedanken und kann Anstoß für notwendiges Handeln sein. Sie soll das Unmittelbare, Oberflächliche und Pseudokonkrete, aus dem die »Wissenschaftssprache« ihren Distinktionsgewinn zieht, mit dem Erkenntnisinteresse der Leser_innen vermitteln: Aufforderung zum Selber-Denken als Voraussetzung subjektiven Handelns. »Diese akademische Diktion trägt nicht. Eine andere Diktion ist nötig. Keine extravagante. ... Im normalen Sprechen spricht man zu jemandem, und über Dinge, die diesen Jemand betreffen, und in einem Tone, den dieser Jemand versteht. Und wer diese Normalität nicht erreicht, der wird nie etwas zu sagen haben, wie viel er vielleicht auch zu ›sagen‹ haben mag« (Anders 1992, 5). Das Ziel, mein Ziel: den Weltzugriff so zu schreiben, dass das Geschriebene zeigt: du musst sowohl die Wissenschaft als auch die Welt radikal ändern; und nicht zuletzt dich selbst. Im Verändern der Verhältnisse verstehen wir auch schwierige Dinge.

V

im april 2019 – während des schreibens – stirbt die mutter. seit jahren depressiv, klinikaufenthalte, psychopharmaka. ihr leben im bett statt im leben verbringend. näherin von beruf, nach drei geborenen kindern ein leben lang hausfrau. »afraid of dying she never learned to live« (Bette Midler, The Rose).

Mit auf den Weg gegeben

Jede Urkunde – Diplom, Doktorat, Habilitation – hängt sie an die mit Krimskrams überfüllten Wände des Hauseingangs. Sie ist stolz auf den Sohn, der es »zu etwas gebracht« hat. Ihr Stolz ist unterfüttert von der Frage während meiner Habilitationszeit: »Was machst du eigentlich den ganzen Tag?« Auch eine Antwort hätte für sie nichts aufklären können. Ein einziges Mal liest sie ein Buch, das ich ihr empfehle. Der Titel: *Welche Frau wird so geliebt wie du?* aus dem

Rotbuch-Verlag. Es geht darin – wenn ich mich recht erinnere – um Befreiung aus ehelichen Verhältnissen. Meine Mutter verharrt im Unglück, sieht keinen Weg raus.

Während des Studiums, ich lebe schon seit Jahren in Wohngemeinschaften, erfährt sie, dass sich meine Freundin von mir getrennt hat. Ihre hilflose Frage »Und wer wäscht dir nun die Wäsche?« zeigt mir, dass ich unverstanden von ihr – auf ihre Weise – geliebt werde. Nicht nur diese nicht immer leicht zu nehmende Liebe lässt mich mich im UNTEN immer noch wohler fühlen als in der Welt, in der ich doch die meiste Zeit meines Lebens zu Hause bin. Auf den Weg gegeben hat sie mir die letzten Worte am Telefon, eine Woche vor ihrem schnellen Tod: »Du hast es richtig gemacht, dass du dein Leben lebst.« Ihr war es nicht möglich, die Enge des proletarisch-kleinbürgerlichen Rahmens zu sprengen; so passte sie sich täglich ein in die Lebensformen der Kleinstadt, die weitgehend andere bestimmten.

Zur Literatur

Alles kann aufgefunden werden. Wer die Zitate nachlesen will, kann das tun. Das Zitieren hat für mich nichts mehr zu tun mit einem »Ausweis« gegenüber der wissenschaftlichen Community, sondern vielmehr mit der Tatsache, dass meine Texte ohne viele Texte von anderen Menschen nicht möglich wären; in den Worten Roland Barthes': »Die Quellen sind nicht die der Autorität, sondern die der Freundschaft:

ich berufe mich nicht auf Garantien, ich gedenke, in einer Art im Vorbeigehen erstatteten Grußes, lediglich dessen, was verführt, was überzeugt, was einen Augenblick lang die Wollust des Verstehens (des Verstandenwerdens?) geschenkt hat« (2015, 26).

K³ und Auschwitz: Die Rede[4]

> Sag Heini zu mir, so bin ich als kleiner Junge immer gerufen worden
>
> (Himmler / Brief an die Verlobte vom Dezember 1927)

> Das Volk und den Führer nie enttäuschen
>
> (Himmler / Dienstkalender 24. April 1943)

Die Vorrede
Für viele Probleme dieser Welt gibt es keine Lösung. Wenn das altgriechische Wort *problemos* auch Vorgebirge heißt, dann wäre eine Lösung, die Lösung, das Sprengen dieses Vorgebirges. Dick Boer zitiert in einer Fußnote seines Erlösungs-Buchs (2019, 354) Friedrich-Wilhelm Marquart, der die Vorstellung des Jüngsten Gerichts problematisiert, weil sie eine endgültige, ewige Entscheidung, eine saubere End-

---

[3] K ist eine beliebige Kleinstadt in Oberbayern, aber in der ich geboren und aufgewachsen bin.

[4] Der Beitrag ist die überarbeitete Fassung eines Artikels in der Festschrift zum 80. Geburtstag meines Amsterdamer Freunds Dick Boer *Hoffen wider alles Hoffen* (Bedenbender et al., 2019).

Lösung zu bringen verspricht. In seinem Buch zur theopolitischen Existenz wiederum ist Heiner Müller ein wichtiger Boer'scher Bezugspunkt, weil Müller ein »Fürsprecher der Opfer ist, die nie gelebt haben« (2017, 352). Ich bin so frei und bringe die Religion, die Texte meines Freunds Dick Boer und den kaum erträglichen Heiner Müller zusammen, um Auschwitz in unsere Nähe zu bringen. 1992 sagt Heiner Müller in einem Interview mit jungen französischen Regisseuren: »Auschwitz ist das Modell dieses Jahrhunderts und seines Prinzips der Selektion. Alle können nicht überleben, also wird selektiert« (2008, 271). Nach dieser Aussage erzählt er eine kleine Geschichte: »Auf einem der letzten Schiffe, das aus Deutschland ablegte und Juden in die USA bringen sollte, war an Bord ein dicker, jüdischer Sportjournalist aus Berlin. Dieses Schiff wurde von deutschen U-Booten torpediert und sank. Es gab natürlich zu wenig Plätze in den Rettungsbooten. Der dicke jüdische Sportjournalist saß schon in einem der Rettungsboote, und das Boot war voll. Da stand an der Reling plötzlich eine junge Mutter mit ihrem Kind. Aber es war kein Platz mehr in den Booten. Da ließ der kleine, dicke Jude sich nach hinten fallen, in den Atlantik, und dann war Platz für die Frau« (ebd.). Eine junge Regisseurin entgegnet, sie könne diese Geschichte nicht verstehen. Müller darauf: »Das ist auch nicht zu verstehen. Das ist das Dostojewski-Problem, die Raskolnikow-Frage. Auch Dostojewski findet am Ende nur eine Antwort: Gnade. Wenn man davon ausgeht, dass Auschwitz das Modell der Selektion ist, dann gibt es darauf keine politische Antwort. Es gibt wahrscheinlich nur eine religiöse Antwort. Das Problem dieser Zivilisation ist, dass sie keine Alternative zu Auschwitz hat« (ebd., 272).

Wir alle wissen, dass sich der deutsche (und jeder andere) Faschismus nicht in der bekannten, wenn auch nicht erkannten, historischen Form wiederholen wird. Doch die Ent-Menschlichung einer Gruppe von Menschen und Selektion als Prinzip sind deutschland- und europaweit akzeptiert. Wenn der italienische Innenminister Salvini angesichts eines strandenden Bootes in Italien äußert, »nun kommt wieder eine Ladung Menschenfleisch«, dann ist das Prinzip Auschwitz bereits am Werk. Wenn grüne und liberale Politiker_innen Flüchtlinge je nach ihrer ökonomischen Verwendung in »ihr« Land lassen wollen, so ist das Prinzip Auschwitz am Werk.

Ich habe mich hingesetzt und die mich erschreckende und hoffnungslos machende Situation in eine Rede umgesetzt: eine Rede für die Menschen meiner Heimatstadt über diese und Auschwitz – und für die Menschen, die heutzutage für viele »zu viele« sind.

Die Rede

Verstehen Sie mich?
Ja?
Das sagt sich so dahin, weil Sie ein Mikrofon in meiner Hand sehen und also denken, Sie wüssten, was ich meine.
Halten wir fest: Sie hören mich.

Verstehen Sie mich?
Nein, nicht Ihr Hören meine ich, sondern das Verstehen.
Sie schauen aus wie ein Fragezeichen. Zu Recht.
Wie sollen Sie wissen können, ob sie mich verstehen, wenn ich doch noch nichts gesagt habe.

Am besten ist es, wenn ich mit einem einfachen, ganz einfachen Satz beginne, den jede und jeder verstehen kann.
Aber ich hab ja schon begonnen und der einfache Satz ist schon ausgesprochen, er ist gesagt, vor Sie ist er hingesetzt, der Satz: »Verstehen Sie mich?«.
Und schon diesen einfachen Satz haben Sie nicht richtig verstanden, nicht richtig verstehen können; obwohl der Satz, der eine Frage ist, doch leicht zu verstehen sein müsste.

Vielleicht sind Sie hierhergekommen, weil Sie mich nicht verstehen wollen; Sie wussten schon vorher, bevor Sie kamen, dass Sie mir nur zuhören und mich gar nicht verstehen wollen. Sie wissen ja schon, dass alles, was Sie wissen, richtig ist. Vor allem, dass Sie alle nichts wissen wollen vom Richtigen und Wahren, von Schuld und Unschuld und von früheren Zeiten; das wissen Sie.

Und da kommt einer daher und will Ihnen was erklären. Einer, der mal da war, aber dann ist er weggegangen – und jetzt kommt er einfach daher und verlangt von Ihnen Verständnis. Wieso ist er denn überhaupt weggegangen von hier? Wieso hat er seine Heimat verlassen? Wir waren ihm wahrscheinlich nicht gut genug? Er kommt daher und will uns was erklären.

Was soll man Ihnen noch erklären, wo Sie doch hier zu Hause sind und am besten Bescheid wissen darüber, was hier alles los ist. Und »los« ist vieles: Alle Enden sind los, was ja heißt, dass sie unverbunden sind. Ihr Leben und das Leben früher: erinnerungslos; Ihr Hierbleiben und das Wegbleiben von denen, die gegangen sind (damals und heute): grundlos. Die toten Kommunisten aus den 1930er und 1940er Jahren und der tote Afrikaner aus den 1990er Jahren: eine boden-lose Frechheit, daran zu erinnern.

Der Afrikaner war sowieso gar nicht richtig hier zu Hause. Und die Kommunisten haben ja selber Dreck am Stecken: Wir sagen nur Stalin und DDR und Stasi! Aber am liebsten reden wir über die Sachen nicht, weil das alles doch so weit weg liegt: Die schwere Zeit liegt lange zurück und Afrika liegt auch weit weg – also, was soll's? Was gibt es da zu verstehen oder zu erklären?

Anschließend werden Sie den anderen, die gar nicht erst gekommen sind, um nicht zuhören, vor allem aber um nicht verstehen zu müssen, sagen, dass man dem zwar zuhören, ihn aber beim besten Willen nicht verstehen kann.

Vielleicht liegt es daran, das Nicht-Verstehen-Können, dass der erste Satz eine Frage ist. Was weiß ich? Leicht verstanden werden will ich ja gar nicht; ich will richtig verstanden werden. Wieso denn leicht? Dann könnten Sie auch zu Hause bleiben und BILD lesen oder Sportschau anschauen oder eine Talkshow; das verstehen Sie leicht, das ist leichte Kost, Schonkost, da wird nämlich keine und keiner geschont, der verstehen will.

Sonst wollen Sie es recht deftig, aber beim Verstehen soll es leicht sein, Schonkost für den Verstand, dass er nicht platzt. Obwohl er den Platz, den er im Hirn hätte, gar nicht einnehmen kann. Da ist genug Platz, aber der wird nicht in Anspruch genommen. Was das betrifft, sind Sie ausnahmsweise mal anspruchslos. Fast alle hier schonen das Hirn und achten darauf, dass es nicht von zu viel Denken belastet wird und nicht zu viel Platz von irgendwelchen Gedanken beansprucht wird, weil das Hirn sonst platzen könnte. Aber da drin, glauben Sie mir, platzt nichts. Im Gegenteil: Da hat noch viel Platz. Den füllen Sie aus mit Volksmusik, einer falschen, mit Fußball, einem nur angeschauten, mit Bauernbühne ohne Bauern und mit Volksfest, Maßkrügen und Brathendl.

Schonkost für das Hirn, sonst aber wird gefressen, was das Zeug hält: Schweinebraten, Weißwürste, Spinatknödel mit viel fettem Öl und Parmesan drüber und Butter hinein und dann ein Kaiserschmarrn. Beim Fressen gibt es keine Grenze, nur beim Denken, und erst recht beim Nachdenken. Ganz früh haben Sie das schon gelernt. In der Schule. Vordenken und Nachdenken sind gefährlich. Der Lehrer stellt Fragen, die leicht zu beantworten sind. Die Antworten, die richtigen, weiß er immer schon und wir müssen nur die Antworten geben, die er wiederum in seiner Schulzeit als Fragen beantworten musste. Ein Kreislauf, ein unentwegtes Gleichbleiben, das sich dreht wie ein Rad.

*

Wir verstehen uns also?
Also was?
Jetzt sage ich Ihnen noch einen Satz oder ich sage Ihnen drei Worte, die grammatisch noch gar keinen richtigen Satz bilden.
Hören Sie mir zu!
Ich sag jetzt die Worte:
K und Auschwitz. Punkt.

Da muss man gleich einen Punkt machen, weil es sonst weitergeht und dann wird es gefährlich, weil Sie ja nicht wissen wollen, ob es danach weitergeht und wie es danach weitergeht.

Noch besser als ein Punkt ist ein Strich, ein Schlussstrich, auf den alle gehen, die das gleich wieder vergessen wollen. Ach – Sie würden gerne weiter über den Punkt reden beziehungsweise mich darüber reden hören, damit die drei Worte vor dem Punkt dem Vergessen anheimfallen können.

Wobei: Das »K« ist kein Problem, das »und« auch nicht. »K« und »und« sind völlig problem-los.

Überhaupt: Das vor dem Punkt können Sie nicht verstehen. Weil: Es besteht da kein Zusammenhang; das ist vollkommen zusammenhangs-los. Was heißt eigentlich das »und«? Da könnte man auch Wortketten bilden wie »K und Schultüte« oder »K und Kerzenlicht« oder »K und Opernball«. Diese Wortketten sind ebenso unsinnig wie »K und Auschwitz«.

Auschwitz liegt in Polen und K in Oberbayern. Nie und nimmer würde ein Pole nach K kommen. Und umgekehrt wird das auch richtig sein: Eine oder einer aus K hat doch in Auschwitz nichts verloren, nicht einmal sein Leben, haha. Ein Witz, ein schlechter; aber naheliegend.

So oder so ähnlich denken Sie. Hab ich recht?

Mit einem »und« kann man alles zusammenbringen, auch wenn es gar nicht zusammengehört. Aber ich habe gesagt: »K und Auschwitz«, und das haben Sie

alle zusammen gehört, auch wenn Sie meinen, dass es nicht zusammengehört.
Da kennen Sie sich eben aus: Gehören kommt von dem althochdeutschen Wort *gahorran*, was neben hören auch gehorchen bedeutet. Und im Gehorchen sind Sie Profis, erst recht im zusammen gehorchen. Ich wusste es von Anfang an: Sie werden mich nicht verstehen. Was? Sie meinen, ich sei schuld wegen des »und« zwischen K und Auschwitz?

Wenn Sie mir noch zuhören wollen, dann erkläre ich Ihnen das »und«. Sie müssen nicht den Kopf schütteln und abwinken.
Was rufen Sie da? Es gibt keinen Zusammenhang zwischen K und Auschwitz! Kein Zusammenhang also. Zusammenhangs-los. Da ist schon wieder was los, weil es nicht zusammengebunden wird. Zwei Kleinstädte: die eine in Oberbayern, die andere in Schlesien: damals. Heute: Polen.

Auschwitz ist halt groß geworden wegen uns, also nicht wegen uns Oberbayern, sondern es ist berühmt, bekannt und berüchtigt, weil solche Nazis und Bestien dort gewütet haben. Wir wissen ja alle warum.
Das mit den Juden, das ist halt passiert und das hätte nicht passieren dürfen. Alles ist so unvorstellbar grausam, was dort gemacht worden ist. Aber mit K hat das nichts zu tun. Das ist sicher, also definitiv.

*

So. Jetzt habe ich Ihnen zugehört und nun hören Sie mir zu. Ich erzähle Ihnen eine Geschichte, eine kleine, die in der großen Geschichte spielt. Nein, das ist kein Trick: Die kleine Geschichte ist wahr und die große Geschichte ist eine Erfindung der Historiker, die ja sonst keine Arbeit hätten, wenn sie die große Geschichte nicht erfinden und erforschen könnten. Irgendwie hängt die große Geschichte mit all den kleinen aus unserem Leben zusammen, da sind Sie hoffentlich einer Meinung mit mir?

Denn was wäre das für eine Geschichte, wenn sie mit uns nichts zu tun hätte?

Wie in der Schule, meinen Sie? Wenn wir auch sonst wenig Übereinstimmung erzielen, so gebe ich Ihnen in dem Punkt recht. Das, was ich in der Schule im Geschichtsunterricht lernte, hat mein Leben in keiner Weise angerührt. Einen Haufen Jahreszahlen sollte ich mir merken und Namen von Königen wie Pippin der Bucklige und Otto der Blöde oder so.

Aber jetzt zurück zu meiner kleinen Geschichte, die wahrhaftig etwas mit der großen zu tun hat – und auch mit K und also Ihnen allen, wie Sie da sitzen.

*

Wie viele von Ihnen habe ich hier in K Fußball gespielt. Mein Fußballtrainer war ein freundlicher Mann, der tagsüber als Heizungsinstallateur sein Geschäft, seinen Familienbetrieb führte und abends und am Wochenende sich für den Fußball engagierte: Training zweimal die Woche und am Wochenende noch Punktspiele. Nicht nur, dass er uns Kinder und Jugendliche trainierte, nein, er spielte selbst in der ersten Mannschaft und musste also auch ins Erwachsenentraining gehen.

Was der Fußball in K mit Auschwitz zu tun haben soll? Nichts, absolut nichts, da haben Sie recht. Außer, dass ich, der aus K kommt, kein Fußballspiel anschauen kann, ohne dabei an die Tatsache zu denken, dass selbst in Auschwitz II, das auch Birkenau heißt, SS-Mannschaften gegen Häftlinge Fußball spielten. Am nächsten oder übernächsten Tag oder später haben die SS-Männer dann ihre Spielkameraden aus der anderen Mannschaft erschossen, vergast oder mit einer Phenolspritze ins Herz vergiftet. Weit, weit hergeholt, diese Sache mit dem Fußballspielen in Auschwitz und unserem kleinen K in Oberbayern, meinen Sie? Da haben Sie recht. Doch hören Sie bitte weiter zu.

Der Vater meines Fußballtrainers, ein angesehener Mann aus K, war seit Mai 1933 in der Nazipartei und vom März 1934 bis zum ersten Mai 1935 im SS-Lager Dachau zur Ausbildung. Seine SS-Nummer war 264 831. Sein Bruder Karl, so hieß auch mein Fußballtrainer, war seit Oktober 1932 NSDAP-Mitglied. Als SS-Unterscharführer war er im Januar 1940 in Krakau tätig. Seit November 1939 residierte in Krakau als Generalgouverneur Hans Frank, ein fanatischer Nazi, der mit Hilfe der SS Millionen von polnischen Juden der Vernichtung zuführte: »Freude, endlich einmal die jüdische Rasse körperlich angehen zu können. Je mehr sterben, desto besser.« Solche und andere Sätze sagte Frank zu seinen SS-Männern; doch er redete nicht nur, er setzte seine Reden in Taten um.

Der Onkel Karl – SS-Dienst in Krakau verrichtend – meines Fußballtrainers Karl: War er am Töten, am Sterbenlassen der Juden beteiligt? Verrichtete er sein »Handwerk« im Ghetto von Krakau? Wurde er nach Auschwitz abkommandiert? Es gibt keine Antwort auf solche Fragen; auch deswegen nicht, weil die SS alle Akten vor dem Einmarsch der Sowjets in Auschwitz und Krakau vernichtet hat. Und deshalb nicht, weil nach 1945 niemand in K Interesse an solchen Fragen und noch weniger an den Antworten hatte. Aber Sie sehen, nein, Sie haben es gehört, auch wenn Sie es nicht hören wollten: K und Auschwitz ist nicht zusammenhangslos.

*

Was rufen Sie schon wieder? Ist eh passé und Sie hat das nie betroffen und betrifft Sie heute schon gar nicht mehr, weil das alles so lange her ist, dass Sie das gar nicht mehr wissen wollen und können und Schluss jetzt.

Außerdem: K hat nie einen Juden gehabt, also sind Sie nicht betroffen, kein Jude wurde angetroffen in K und so ist auch keiner in Auschwitz eingetroffen von hier. Ich verstehe: K war – so sagen Sie es nicht, aber Sie meinen es so – schon »judenfrei«, bevor die Juden nicht mehr frei sein konnten. Leider haben Sie da auch nicht recht. In K lebte bis 1945 der jüdische

Arzt und Gründer der deutschen Pfadfinder Alexander Lion und er konnte überleben, weil ...

(Stimme aus dem Off; unverständlich)

Ach so! Entschuldigen Sie. Die Regie sagt, das mit den Juden kommt später noch und ich soll jetzt den Einleitungstext fertig sprechen. Obwohl ich Ihnen noch gern erzählt hätte, welche Verwandten des Alexander Lion in Auschwitz vernichtet wurden und wie sie mit Vornamen hießen; und wie Anfang der 2000er Jahre im Heimatmuseum von K eine Ausstellung zu diesem Alexander Lion angefertigt wurde und er durchweg als »Alexander Israel Lion« bezeichnet wurde; so als wäre die Zwangsbenamung durch die Nazis – jede jüdische Frau musste zusätzlich zu ihrem Vornamen »Sara« und jeder jüdische Mann »Israel« im Namen führen – nie rückgängig gemacht worden. Der Vorsitzende des Heimatmuseums-Vereins war es auch, der Kurt Eisner, den bayerischen Ministerpräsidenten, als eingewanderten jüdischen Polen denunzierte – in der bis heute dort zu sehenden Dauerausstellung zur bayerischen Räterepublik. Für dieses antisemitische Engagement hat er vom Bürgermeister in Würdigung seiner Verdienste um die Geschichte Ks die Bürgermedaille erhalten ...

(Stimme aus dem Off; drängend)

Also gut, ich höre auf: Alles, was mit Juden in K zu tun hat, kommt später ausführlich dran. Also spreche

ich den Einleitungstext fertig. Dazu gehört, dass ich jetzt sagen muss, dass nach der Einleitung noch zehn Kapitel kommen.
Sie meinen, das wäre zu lang?
Ja, das stimmt, das ist alles sehr, sehr lang, und auch sehr lange her, und eigentlich ist das auch überflüssig, was ich heute zu Ihnen sage.

*

Verstehen Sie mich?
Zehn Kapitel und die Einleitung, das sind dann elf Teile. Das ist die Hölle für Sie, so lange auszuhalten mit dem, was ich sage und sagen werde – und es so lange auszuhalten mit mir.

*

Sie können später Angst haben oder gleich; aber ich verspreche Ihnen: Am Schluss wird es die Hölle sein hier. Am Ende wird keine Hoffnung mehr sein und dann hätten Sie vorher besser den Raum verlassen sollen, bevor die Hoffnung Sie verlässt.

Überlegen Sie sich also gut, ob Sie hierbleiben wollen; Sie haben hier ein Bleiberecht. Andere nicht, weil die wollen dann ganz hierbleiben und wo bleiben dann wir, wenn die immer mehr werden und das sind dann zu viele und dann haben wir hier die Hölle. Dann wird alles dunkel und schwarz werden – wie in der Hölle eben.

Jetzt könnte ein neuer Satz in den Raum geworfen werden von mir. Zum Beispiel: K und schwarz. Sie würden wieder sagen, das ist doch Blödsinn, kein Zusammenhang zwischen den beiden Worten (außer dass die Nacht, welche auch K jeden Abend überfällt, dunkel und ab und zu pechschwarz ist). Dann käme von mir die Geschichte mit dem »Asylantenheim« in K und wie die »Schwarzen« (in diesem Fall die CSU in K) das Überfluten ihrer Stadt K mit Asylanten verhindern wollten. Und weiter ginge es mit dem im Jahr 1999 totgeschlagenen Afrikaner vor der Disco; totgeschlagen von einem Neonazi aus K, der für die Polizei und für den Richter ein unpolitischer Einzeltäter gewesen war, obwohl er vor Gericht immer noch über den »Bimbo« sprach, den es erwischt habe. Und irgendwann funkt mir wieder die Regie drein, dass das sowieso noch später kommt.

*

Vor der Hölle aber, die Sie und Ihre Eltern und Großeltern den ANDEREN bereitet haben oder noch bereiten werden, die aber für Sie immer einen Ausgang, ein Tor offen hält, vor der Hölle müssen Sie sich nicht fürchten. Und wenn doch, dann gehen Sie jetzt einfach raus.

(Alle verlassen den Saal)

*

Die Kinder der lebenden Toten sind gegangen. Die Kinder der Toten, die von den lebenden Toten vernichtet wurden, wurden erst gar nicht ins Leben gerufen. So kamen sie nie in diese Welt und so fehlen sie. Wem?

Die Gefundene

Der folgende Text verdichtet das Leben der Pawlina Mironowa – in Deutschland Pauline Gerner genannt. Sechzig Jahre nach ihrer Zwangsverschleppung aus Stavropol im Kaukasus, wo sie an der Universität Pädagogik studierte (1942), besucht sie den Ort, an dem sie als Zwangsarbeiterin für die Gasmaskenfabrik Roeckl (heute: Handschuh Roeckl) mehr als 70 Stunden wöchentlich ohne Lohn arbeitete. Weniges an Archivmaterial (Meldung der Geburt eines Kindes; Heiratsanzeige dieser Tochter in den Einwohnermeldeamtsakten; rechtswidrige Auskunft einer verständnisvollen Verwaltungsbeamtin; Suche im Münchener Telefonbuch etc.) hilft mir Ende der 1990er Jahre in zweijähriger Sucharbeit, Pawlina Mironowa ausfindig zu machen.
Bis zum 80. Lebensjahr geht Pauline, wie sie nun genannt wird, in die Berge und fährt Ski – als aktives Mitglied des Alpenvereins. Für die Zeit ihrer Zwangsarbeit erhält sie keine Entschädigung (Weber 2004a).

*

Angesichts des Wissens, dass sie, Pawlina Mironowa, im Jahr 1922 geboren in der Nähe Kursavskys, wiederum in der Nähe Stavropols im Kaukasus, wo sie studiert, um Lehrerin zu werden, und wo sie im Dezember 1942 von deutschen Wehrmachtssoldaten, die heute noch in ganz Bayern als Helden geehrt werden, weil sie »für ihre Heimat« ihr Leben lassen mussten, entführt wird, um im Deutschen Reich, genauer in K, Zwangsarbeit zu leisten;

angesichts der Tatsache, dass sie, Pawlina Mironowa, in einem Waggon über Polen nach K gebracht wird – während der Fahrt den Waggon nur verlassend, weil irgendjemand etwas gestohlen hat und also die Deutschen alle in einer Reihe aufstellen lassen und jeden und jede Zehnte in dieser Reihe hinrichten –, wo sie nach 20 Tagen Stehen, Sitzen und Liegen auf Stroh – im Winter – und die Notdurft in diesem Waggon verrichtend ankommt;

angesichts des Berichts von Pawlina Mironowa, dass sie, am 20. Januar 1943 in K ankommend und dort vom Arbeitsamt in Rosenheim zugeführt werdend der Arbeit in den Räumen der Baumwollspinnerei, in denen die Münchener Handschuhfabrik Roeckl, deren Logo heute noch als Werbebanner auf jedem Skifahrer_innenhandschuh bei Weltcupläufen zu sehen ist, mit der Herstellung kriegswichtiger Gasmasken Geld verdient, täglich 12 Stunden und wöchentlich sechs Tage (was 72 Stunden in der Woche sind) in der Roeckl-Fabrik schuftet;

angesichts der Kenntnis, dass Pawlina Mironowa, die mit 400 anderen Frauen in Baracken lebt, vom Betriebsleiter Popp blutig geschlagen wird, wenn sie auch nur fünf Minuten zu spät von einer Pause zurück zur Arbeit kommt, wobei sie wie die anderen entführten Zwangsarbeiterinnen für diese Arbeit keinen Lohn bekommt und Hunger ausstehen muss; dass sie – weil sie eine wunderschöne Frau ist – mit dem Sohn des Bürgermeisters von K, der ebenfalls im Werk tätig ist, eine Liebesbeziehung beginnt, welche die beiden verbergen müssen;

angesichts der Wirklichkeit, die für Pawlina Mironowa bedeutet, dass sie bei kleinsten Vergehen vom Polizeimann A. in den Keller des Gefängnisses in K gesperrt und nur wieder in die Freiheit entlassen wird, weil tschechische Männer von ihrer Verhaftung erfahren haben und lautstark protestieren;

angesichts des Leidens, das Pawlina Mironowa nicht spüren lässt mit ihren fast 80 Jahren, obwohl sie 1945 auf dem Weg zurück nach Russland von einem Rotarmisten hört, dass Stalin sie alle als Kollaborateure erschießen lasse, und sie also in Dresden aus dem Zug springt und zu Fuß nach Kolbermoor zurückkehrt, wo sie ihren Geliebten trifft, mit ihm schläft und eine Tochter zur Welt bringt, die jedoch ihren Vater nicht sehen darf, da er ja des Bürgermeisters Sohn ist und so etwas wie Blutschande sich für einen Bürgermeistersohn nicht schickt, sodass Pawlina gezwungen ist, sich eine Arbeit weit weg von K zu suchen, und ihre Tochter bei einer – gottseidank sozialdemokratischen – Pflegefamilie unterbringt;

angesichts der Möglichkeit ihrer Rückkehr nach K, die Orte ihrer Ausbeutung und ihres Leidens besuchend und sich wundernd, dass die einheimische Bevölkerung der mehr als 2000 Zwangsarbeiter, das ist ein Drittel der Bevölkerung Ks, in K nicht gedenkt, ja von Zwangsarbeiter_innen oder russischen Gefangenen bis zu ihrem Besuch behauptet nichts gewusst zu haben;

angesichts der Erzählung Pawlina Mironowas über ihre Zeit vor der Zwangsarbeit in K, ihre mutige Rückkehr auf eigenen Füßen nach K und ihre Ausstoßung aus der Gemeinschaft, die eine Russin nicht haben will, schon gar nicht eine, die dem braven Bürgermeistersohn ein Kind abgeluchst hat;

im Angesicht der im Jahr 2002 leibhaftig ihm gegenübersitzenden Pawlina Mironowa fällt dem Bürgermeister von K, einem bayerischen, leicht übergewichtigen Sozialdemokraten, der der Erforschung der Nazizeit in K damit dient, dass er den forschenden Antifaschisten den Zutritt zum städtischen Archiv verunmöglicht, sie als Nestbeschmutzer bezeichnet und das wenige an Rotem, das seine Partei noch auszeichnete, in ein kräftiges Weiß-Blau verwandelt, ein Satz aus dem Mund, der ungesagt hätte bleiben können: Man muss aber schon sagen, dass die einheimische Bevölkerung auch sehr gelitten hat in dieser Zeit.

III Auskunft – Aus nächster Nähe, entfernt

Man braucht das stärkste Fernrohr,
das des geschliffenen utopischen Bewußtseins,
um gerade die nächste Nähe zu durchdringen

(Bloch / Das Prinzip Hoffnung)

Die folgenden Vignetten sind aus zwei Jahren politischer, kultureller und sozialer Praxis des Autors in Oberbayern zusammengetragen worden. Wer denkt, die berichteten und theoretisierten »Geschichten« seien lediglich punktuelle Ereignisse, die/der ahnt nicht, wie fest in der bayerischen Tiefenstruktur – subjektiv wie objektiv – die »Ordnungszelle Bayern« mit Schwerpunkt in Oberbayern verankert ist. In der Anfangsphase des Schreibens (Mitte April 2020) berichtet die *Süddeutsche Zeitung*, in München seien seit 1945 so viele Menschen aus Gründen des Rassismus und Antisemitismus ermordet worden wie in keiner anderen deutschen Großstadt (SZ 15.4.2020).
Kurz vor Ende der Fertigstellung des Buchs wird meine Fraktionskollegin im Bezirkstag nachts angegriffen, gewürgt, mit einem Messerstich verletzt und mit den Worten »Ihr scheiß Linken« zu Boden geworfen. Eine Antwort des Innenministeriums auf die Anfrage, ob ich auf einer der vielen Listen neofaschistischer Gruppen verzeichnet bin und also gefährdet sein könnte, ist sechs Wochen später noch nicht erfolgt: Ich solle mich gedulden, das Ganze dauere noch eine Weile ...

Jagdszenen aus Oberbayern

> Wir werden die CSU jagen ...
>
> (Andreas Winhart, 2018,
> Landtagsabgeordneter der AfD)

jagdszenen. kupferstiche davon hängen in bürgerlichen wohnzimmern: reiter, das horn blasend, zu füßen gefleckter pferde die hunde, scharf auf zukünftige beute. die reiter aufrecht und vornehm im sattel sitzend, beutegeilheit verbergend hinter der kleiderfassade in rock und weste, schwarz behelmt, in fröhlicher runde wartend auf den hornlaut eröffnend die jagd vor dem schlachten.

Vorspiel – Jagdszenen aus Niederbayern
Nicht ohne Grund heißt der Außenseiter in Martin Sperrs Roman *Jagdszenen aus Niederbayern* (1971) Abram. Die Geschichte um den schwulen Abram soll, so schreibt es Sperr auf die Buchumschlagseite, zeigen, »dass das Dorf nicht von Ungcheuern bewohnt wird, sondern von normalen Menschen, die sich nicht als Jäger fühlen, sondern als Verteidiger einer Lebensform«. Die Geschichte spielt im Jahr 1948 im Dorf Reinöd. Als Rain oder Rein (mhd.) wird der ungepflügte Streifen zwischen den Äckern oder der Waldrand bezeichnet.

Heute besteht Niederbayern aus Äckern, Wäldern und einer Autobahn nach Passau, die sich durch die Ebene quält. Und öd – also leer und verlassen – wirkt Niederbayern bis auf den heutigen Tag. Die »normalen Leute« des Sperr'schen Dorfs »scheinen Hitlers Diktatur und den Zweiten Weltkrieg mit allen Greueltaten und Schrecknissen noch nicht begriffen oder schon vergessen zu haben, obwohl ihr ganzes Leben von den Spuren dessen, was hinter ihnen lag, geprägt wurde« (Sperr 1971, 5). Faschismus und Krieg sind – nicht nur in Niederbayern und Oberbayern – bis heute kaum begriffen.

Politik in Oberbayern – Harmonistischer Totalitarismus als Politikersatz

Bayern hat sieben Regierungsbezirke. Zwei davon, Ober- und Niederbayern, heißen so, weil die Isar durch beide fließt und der dem Quellgebiet nähere Teil eben Oberbayern heißt und der weiter unten zur Mündung in Passau hin liegende Teil Niederbayern (vgl. Weithmann 2007, 18). Die Bezirke sind Verwaltungseinheiten, die es in dieser Form nur in Bayern gibt. Sie stellen die oberste kommunale Ebene dar und regeln weitgehend sozialpolitische Angelegenheiten (Sucht, Behinderung, Psychiatrie) sowie kulturpolitische (Denkmalschutz, »Heimatpflege«) und kleinere Angelegenheiten, welche Landkreise und Gemeinden nicht übernehmen können. Zur politischen Kontrolle der Verwaltung wird ein Bezirkstag gewählt (parallel zu den Landtagswahlen), in dem auch die LINKE eine Fraktion bildet. Seit mehr als zehn Jahren sind CSU und SPD[5] in einer Kooperation fest miteinander verwoben, seit 2018 sind die Freien Wähler Dritte in diesem Bunde – obwohl links von CSU, AfD und Bayernpartei eine Mehrheit möglich wäre. Die AfD sitzt

---

5   Die SPD in Oberbayern erreichte 2018 bei den Bezirkstagswahlen nur 9,55 % und hat fast 10 % an Wählerstimmen eingebüßt. Auf die Frage der LINKEN, wieso die Partei ihre Politik nicht ändere, wenn sie seit 20 Jahren Verluste einfahre, erwidert der neue dritte Bezirkstagspräsident der SPD: »Wir haben nichts falsch gemacht.«

mit acht Männern in dem Gremium. Auf der ersten Plenumssitzung eilen sie von Tisch zu Tisch, um den anwesenden »Kolleg_innen« die Hände zu schütteln; einzig die drei LINKEN und manche Bezirksrät_innen der GRÜNEN verweigern den Handschlag. Nach der Sitzung gibt der AfD-Bezirksrat Rainer Groß, der sich selbst als »Ethik-Banker« bezeichnet (er arbeitet bei der Bayerischen Landesbank) dem Internetmagazin *Nobel & Frei* ein Interview: »Der Bezirkstag hat sich sehr freundlich uns gegenüber gezeigt. Es wurde von der *LINKEN* provoziert, mit den üblichen Kampfbegriffen. Dem hat sich aber der Bezirkstag nicht angeschlossen. Der Bezirkstagspräsident hat deutlich zum Ausdruck gebracht, dass er mit den gewählten Vertretern zusammenarbeiten wird.«[6] Die »Provokation« der LINKEN bestand darin, darauf hinzuweisen, bei AfD-Parteigängern handle es sich um »Faschisten oder Menschen, die nichts dagegen haben mit Faschisten in einer Partei zu sein«. So sei ein Bezirksrat gemeinsam mit dem Chef der *Identi-*

---

6   *Nobel & Frei* wird hergestellt von Moritz Lahn und Christian Minaty. Lahn ist Gründungsmitglied des Landesverbands Hamburg der AfD und nahm (mit Kamera) am Aufmarsch »Merkel muss weg« teil. Diese Aufmärsche, von denen sich die AfD nicht abgrenzt, wurden von Holocaustleugnern und NPD-Mitgliedern zusammen mit AfD-Leuten organisiert und besucht. Nach der Ermordung des CDU-Politikers Lübcke im Juni 2019 wird auf *Nobel & Frei* ein Heiko Schrang den rechtsterroristischen Mord als funktionale Tat darstellen, die vor allem dazu dienen soll, AfD und Rechte zu diskriminieren: »Aber Opfer sind die AfD und die Rechte«.

tären Bewegung Österreichs, Martin Sellner, sowie vom Verfassungsschutz überwachten Reichsbürgern bei einer Aktion namens *Volksbegehren Grenzschutz* bei nicht genehmigten Dreharbeiten am Münchner Rathaus mit von der Partie gewesen. Ein anderer Bezirksrat habe in seiner Rede vom »Volkstod« der Deutschen gesprochen[7], ein dritter Menschen, die nicht seiner Meinung sind, als »Heuchler, besonders das rote, grüne, versiffte Lumpenpack« bezeichnet und davon gesprochen, es werde »die Scharia über die demokratische Grundordnung gestellt. ... Wir stehen auf und werden diese abscheuliche politische Religion niemals tolerieren. Der politische Islam ist keine Religion, sondern er gehört auf den Misthaufen der Geschichte. Wir hetzen nicht. Wir sagen diesbezüglich die Wahrheit und werden dadurch als Nazis oder Hetzer bezeichnet.« Schmähungen, Hetzreden gegen politisch Andersdenkende – dargebracht im Opferhabitus.

*

Kommunalpolitik ist der (mögliche) Untergang jeglicher »linker« Politik. Dieser Satz trifft im Grunde auf jede Form parlamentarischer oder parlaments-

---

[7] Dieser AfD-Mann, aus K kommend, ließ nach der Ermordung des CDU-Politikers Walter Lübcke den Eintrag einer AfD-Kollegin unkommentiert auf seiner Facebook-Seite stehen, bis er als Hasspost von Facebook gelöscht wurde: »Bei Lübcke hat es endlich mal einen der Verursacher getroffen. Von meiner Seite kein Mitleid!« (Weber 2020, 1).

ähnlicher Gremienarbeit (auf Länder- und Bundesebene) zu. Marx kritisiert die Anpassungsleistungen sozialistischer Abgeordneter im Parlament, indem er vom »parlamentarischen Idiotismus« schreibt (an Sorge) und davon, »wie sehr der Parlamentarismus« die Sozialisten im Reichstag »bereits auf den Esel gebracht hat« (1879/1977, 413), ohne den Mechanismus des individuellen Opportunismus zu erklären. Können die Abgeordneten in Parlamenten wenigstens noch von sich behaupten, sie würden (durch die Möglichkeit legislativer Kompetenzen) gesellschaftliche Verhältnisse mitgestalten, so fühlen sich Vertreter in kommunalen Gremien bei der Verwaltung relativ unbedeutender Sachverhalte nichtsdestoweniger bedeutend. Das mag ein Effekt der lokalen und regionalen Bekanntheit sein; neben Terminen zu Jahreshauptversammlungen des Kaninchenzüchtervereins und Fußballergebnissen aus der C-Liga wird über jeden kommunalpolitischen Vorgang (von der Einweihung des neu errichteten Schulbaus bis zur Änderung der Taktzeit einer Ampelschaltung) ausführlich – und mit reichlich Bildmaterial ausgestattet – berichtet. Das aufkommende Gefühl von Wichtigkeit mag aber auch – gerade bei linken Politiker_innen – daran liegen, dass sie im kommunalen Bereich eine »Heimat« gefunden haben, weil es in Dörfern und Städten um »kleine Dinge« geht, die scheinbar wenig mit der »großen Politik« und ihren Konflikten zu tun haben; frau und man kann sich einig

fühlen bei einer Gemeinderatssitzung, auf der einstimmig dem Zuschuss für das Feuerwehrfest oder der Ausweisung eines Baugebiets für Einheimische zugestimmt werden kann.
Üblicherweise sprechen in kommunalen Gremien Vertreter_innen aller Parteien davon, sie würden – im Gegensatz zur Landes- und Bundespolitik – »Sachpolitik« betreiben. In dieser Artikulation politischen Handelns scheint es, als könnten Sachverhalte keine Widersprüche in sich tragen oder bestreitbare Angelegenheiten nicht infrage gestellt werden. Doch ob es um die Umsetzung der Ansprüche behinderter Menschen nach dem Bundesteilhabegesetz oder um Zuschüsse im Bereich des Denkmalschutzes an Einrichtungen der milliardenschweren katholischen Kirche geht: Die Sachen selbst tragen in sich die Möglichkeit des – von W. F. Haug so genannten – »sekundären Klassenkampfs«. So können behinderte Menschen nach wie vor in die Rolle von Bittstellern (mit verwaltungslogisch einwandfreien »Akten«) gebracht werden; die Verwaltung kann sie aber auch ermutigen und unterstützen, ein selbstbestimmtes Leben zu führen, frei von den normativen Zwängen, die vor allem in den Köpfen der Nichtbehinderten vorzufinden sind. Was den Denkmalschutz betrifft, so müssen Millionäre und milliardenschwere Organisationen nicht gefördert werden, bevor sie nicht ihre eigenen finanziellen Ressourcen nutzen, um der Gemeinwohlaufgabe des Denkmalschutzes

nachzukommen. Zudem: Selbst wenn wohlhabende Institutionen und Personen gefördert würden, so ist für linke Politik immer auch die Frage zu stellen, ob Denkmäler, die Helden und Kriege verherrlichen, auch bezuschusst werden sollen. Festzuhalten ist, dass die Rede von »Sachpolitik« begrifflich lediglich die der Sache innewohnenden widersprüchlichen Interessen verschleiert.

Dass selbst die Art und Weise, wie, wo und wann kommunale Gremien Entscheidungen über »Sachverhalte« treffen, eine ideologieförmige rituelle Anordnung darstellt, kommt den wenigsten Linken in den Sinn. Praxen, Rituale und eingespielte Verfahrensweisen (üblicherweise in Geschäftsordnungen o. Ä. geregelt) dienen dazu, die Abläufe des Verwaltungshandelns effektiv zu gestalten, Kritik zu minimieren und Störungen zu verhindern. Jeder kritische Ansatz, der die Form wie die Funktion solcher Gremien infrage stellt, wird im Keim erstickt. Ein Beispiel aus dem Bezirkstag von Oberbayern mag genügen: Jedes Mitglied des Bezirkstags wie auch jede Fraktion kann Anträge stellen. Diese Anträge werden von der Verwaltung zu Verwaltungsvorlagen umgemodelt, sodass in den zuständigen Ausschüssen über die Vorlagen – und nicht über die Anträge mit ihren Begründungen – abgestimmt wird. Eine Änderung der Vorgehensweise wird als Angriff auf die Verwaltung und Missachtung des bisher üblichen und traditionellen Prozederes interpretiert und also abgelehnt.[8] Linke Politik, die nicht nur inhaltliche, sondern auch formale und strukturelle Logiken infrage stellt, wird in den Augen der Etablierten und Angepassten als Störung des bislang konfliktfreien Ablaufs von Sitzungen, Verwaltungsvorgängen etc. betrachtet. So sind kommunale Gremien, die das demokratische Gemeinwesen (auf lokaler Ebene) verwalten und politisch verändern können, weitgehend »demokratiefrei«. Doch nicht nur das: Ohne eine linke Kraft – die durch eine radikale Oppositionsarbeit in Form und Inhalt auf die Selbstverständlichkeiten demokratischer Verfahrensweisen pocht – werden kommunale Gremien zu reinen Erfüllungsgehilfen verwaltungslogischer Vorgänge. Zudem: Die zu selten umstrittenen Inhalte kommunaler Politik verführen dazu, die staatliche Verwaltung »als Austragungsort von Klassenantagonismen« (Haug 1984, 64) nach und nach dem Vergessen preiszugeben. Vermittelt über »sachliche« Themen werden die Kapitalinteressen (niedrige Steuern, Ausweisung von Baugebieten, keine Hürden in der Mietpreispolitik etc.) als Interessen der Allgemeinheit deklariert, ohne dass die Konstitution des »Allgemeinen« als von gesellschaftlichen Interessen und primären wie sekundären Klassenkämpfen durchzogenes Feld sichtbar gemacht wird.

---

8   Das Paradoxe an diesem Beispiel ist, dass die Bezirksordnung die geforderte Vorgehensweise vorschreibt, die in der Praxis nicht eingehalten wird.

Ver(ge)walt(ig)ung: Zweckrationale Bürokratie vs. Anerkennung

Der Bezirk Oberbayern ist für die Erfüllung der sich aus dem Bundesteilhabegesetz (BTHG) ergebenden Pflichten des Staats gegenüber behinderten Menschen zuständig. Diese sollen demnach nicht mehr als »zu versorgende« Menschen zu ihren Ansprüchen kommen, sondern als Subjekte einer »selbstbestimmten Teilhabe« (Feldes et al. 2018, 192). Grundlage für die Etablierung dieser völlig neuen Sichtweise in Bezug auf behinderte Menschen stellt die Behindertenrechtskonvention der UN dar, welche durch die Ratifizierung von Bundestag und Bundesrat im Jahr 2009 zu geltendem deutschem Recht wurde.
In § 1 des neuen Gesetzes wird mit Nachdruck darauf hingewiesen, dass der Staat (damit auch der Bezirk als Behörde) die Leistungen nach der Prämisse vergibt, die »Selbstbestimmung [der behinderten Menschen] und ihre volle, wirksame und gleichberechtigte Teilhabe am Leben in der Gesellschaft zu fördern, Benachteiligungen zu vermeiden oder ihnen entgegenzuwirken« (ebd., 201). Die jeweiligen Fachbeamt_innen haben bei ihren Entscheidungen einen Ermessensspielraum; dieser sei grundsätzlich so zu nutzen, dass jener Entscheidung der »Vorzug zu geben [ist], die diesen Maßstäben [des § 1] am besten Rechnung trägt; ist eine Ermessensentscheidung getroffen worden, ohne dass die Bedeutung dieser

Maßstäbe überhaupt geprüft worden ist, ist sie schon deshalb rechtswidrig« (ebd., 203).

Falsches Raster
Im Februar 2020 bittet mich eine schwerbehinderte Frau, sie zu einem »Budgetgespräch«, das sie in der Bezirksverwaltung führen muss, zu begleiten. Zudem hat sie die Fraktionssprecherin der GRÜNEN und eine gute Bekannte eingeladen. Uns gegenüber sitzen drei Angestellte bzw. Beamte der Verwaltung. Alle Angelegenheiten der behinderten Frau kommen zur Sprache: ihre pflegerischen, ihre gesundheitlichen, ihre sozialen, kulturellen und politischen Wünsche[9] und vieles andere mehr. Da die Gespräche mit Menschen, die über ihr Leben entscheiden, für die Betroffene sehr belastend sind, einigen wir uns darauf, dass sie in Zukunft zur Vorbereitung dieser Gespräche die Möglichkeit bekommt, sich coachen – also beraten – zu lassen; wir verständigen uns auf die Finanzierung von acht Stunden Coaching (durch die

---

[9] Die Betroffene ist in verschiedenen Behindertenselbsthilfegruppen politisch aktiv; sie hat deshalb einen erhöhten Bedarf in Bezug auf ihre Mobilität. Einer Erhöhung der Mobilitätshilfe von 95 Euro auf 200 Euro – von mir vorgebracht – wurde von Verwaltungsseite zugestimmt. Der Bescheid wies allerdings wieder nur 95 Euro aus. Beschwerden der Betroffenen bezüglich einer Reihe von »Verwaltungsfehlern« führen dazu, dass sie von Verwaltungsseite als »schwierige Person« etc. diffamiert wird.

Sozialverwaltung). Im mehrseitigen Bescheid und im Protokoll der Konferenz ist von diesem Coaching nichts mehr zu lesen. Dort heißt es, der Betroffenen stünden eineinhalb Stunden monatlich im Rahmen von »ambulantem Wohnen« zu.
Auf Wunsch der Betroffenen telefoniere ich mit der zuständigen Sachbearbeiterin (SB):

»Ich rufe im Auftrag von Frau X. an – eine Vollmacht liegt Ihnen vor. Es geht um das vereinbarte Coaching; davon ist im Bescheid von Ende Februar nichts zu lesen. Dort heißt es lediglich: »Ambulant betreutes Wohnen, 1,5 Fachleistungsstunden monatlich«. Wir hatten aber vereinbart, dass es sich um Coaching handelt.«
SB: »Das ist ja damit gemeint.«
»Frau X. benötigt keine Fachleistungsstunden in Bezug auf ambulantes Wohnen. Es geht hier um eine Beratungsleistung, die mit Wohnen gar nichts zu tun hat, sondern mit der Vorbereitung auf belastende Gespräche mit Ihrer Verwaltung.«
SB: »Ja, aber sie wird doch die Gespräche auch in der Wohnung führen, dann kann das doch unter ›ambulantes Wohnen‹ ruhig stehen bleiben. Eine andere Kategorie haben wir da nicht.«
»Sie werden doch eine Kategorie ›Sonstiges‹ haben, in der Sie eintragen können, wenn es bei behinderten Menschen Leistungen in Bezug auf Wünsche gibt, die nicht ins Verwaltungsraster passen?«
SB: »Ja, wie stellen Sie sich das vor: Wir bearbeiten

in der Eingliederungshilfe mehr als zwanzigtausend Fälle.«

»Ich stelle mir das so vor, dass Sie, weil so steht es ja im Gesetz, als Verwaltung den behinderten Menschen in ihrer Einzigartigkeit begegnen müssen und diese nicht in ein Raster passen müssen, das gar nicht mit den Betroffenen zusammen erstellt wurde.«

SB: »Das wäre ja eine Riesenarbeit, wenn wir alle Wünsche der Betroffenen im Leistungskatalog verzeichnen müssten.«

»Sind Sie jetzt für die behinderten Menschen da oder müssen diese sich an Ihre Regeln halten?«

SB: »Ich muss jetzt weiterarbeiten, bitte haben Sie Verständnis dafür.«

Bring- und Holschuld

Im Januar 2014 beantragt der im Rollstuhl sitzende und arbeitende Heinz G. die Übernahme von Hol- und Bringkosten einer Autoreparaturwerkstatt für seinen PKW bei der Sozialverwaltung des Bezirks Oberbayern. Diese lehnt es ab, den Betrag von 47,60 Euro zu bezahlen. Als Begründung wird dem Antragsteller entgegengehalten: »Nach den vorliegenden Unterlagen ist es Ihnen möglich und zumutbar, eine Werkstatt in München zu nutzen und den Weg dorthin mit öffentlichen Verkehrsmitteln ... zurückzulegen«, Ende Februar 2014). Allerdings wird ihm die Gelegenheit zu einer Stellungnahme eingeräumt. In seinem Schreiben von Mitte März 2014 weist Heinz

G. darauf hin, dass er seit Jahren mit seiner zuverlässig arbeitenden Autowerkstatt zusammenarbeite und deren Preise auch seriös seien, was dem Bezirk als Kostenträger doch recht sein müsse. Zudem sei ihm mit seinem Elektro-Rollstuhl nicht zuzumuten, in München (eine Stadt, die für Rollstuhlfahrer_innen eine Katastrophe darstellt, kw) eine Autowerkstatt aufzusuchen, da Autowerkstätten nur selten an Haltestellen des öffentlichen Nahverkehrs liegen würden. Im Übrigen sei er verwundert, da die Sozialverwaltung die Hol- und Bringkosten der Autowerkstatt bisher immer übernommen habe. Eine Woche später erhält er einen rechtsmittelfähigen Bescheid, in dem behauptet wird, seine Stellungnahme sei »gewürdigt« worden. Im Bescheid selbst ist lediglich zu lesen, was bereits in der ersten Ablehnung steht: Nach den vorliegenden Unterlagen sei es ihm möglich, »mit öffentlichen Verkehrsmitteln KfZ-Werkstätten in München aufzusuchen«. Kein einziges Wort zur Stellungnahme von Heinz G. Dieser legt Widerspruch ein und erhält nach mehr als einem Jahr (im April 2015) den ablehnenden Widerspruchsbescheid. Heinz G. reicht nun Klage beim Sozialgericht ein, der Bezirk erwidert diese Klage und fünf Jahre später wird geurteilt: Die Sozialverwaltung des Bezirks Oberbayern muss die Kosten für Holen und Bringen des PKW übernehmen. Heinz G. fragt sich, ob der Bezirk bei allen behinderten Menschen in dieser sie schikanierenden Weise vorgeht und damit Erfolg hat, weil sich nur die wenigsten wehren würden. Dass es dem Bezirk darum geht, zu Lasten der behinderten Menschen zu sparen, wird im Subtext des Ablehnungsbescheids ausgedrückt: »Dabei ist auch das Interesse des Bezirks Oberbayern an der zweckmäßigen Verwendung von Steuergeldern zu berücksichtigen«.

Mütter müssen draußen bleiben

Der schwerbehinderte Friedrich Y. – ehrenamtlich engagiert in einer Selbsthilfegruppe selbstbestimmter behinderter Menschen – hat keinen PKW und fährt die meiste Zeit gemeinsam mit seinem Assistenten mit der Münchener U-Bahn. Allerdings ist es ihm – bedingt durch die spezifischen Auswirkungen seiner Behinderung – nicht immer möglich, diese zu benutzen. Also muss er einen Fahrdienst bzw. ein Taxi bestellen. Seit langem besucht er ab und zu seine Mutter, zu der er eine freundschaftliche Beziehung hat.

Friedrich Y. erhielt über lange Jahre hinweg eine Mobilitätshilfe durch den Bezirk Oberbayern in Höhe von 182,50 Euro. Mit Schreiben vom Februar 2019 beantragte er die Weitergewährung der Mobilitätshilfe ab dem 1. März 2019. In einem Schreiben der Bezirksverwaltung (Soziales) vom April des Jahres 2019 wurde er darauf hingewiesen, dass »Fahrten zum Familienbesuch nicht der Teilhabe am Leben unterfallen« würden und er deshalb 2190 Euro zurückzuzahlen habe wegen »nicht zweckgerecht verwendeter

Mobilitätshilfe«. Bezug genommen wurde auf ein Urteil des Landessozialgerichts NRW, dem zufolge »Familienheimfahrten nicht zur Teilhabe am Leben in der Gemeinschaft« zählen. Dieses Urteil – das sich grundsätzlich mit der Gewährung einer PKW-Hilfe befasst – hat keinen Zusammenhang mit der Sachlage im Fall von Friedrich Y. Dieser legt gegen den Bescheid des Bezirks Widerspruch ein, den die Regierung von Oberbayern nach fast einem Jahr Bearbeitungszeit zurückweist. Nun klagt er vor dem Sozialgericht ohne anwaltliche Vertretung gegen diesen Widerspruchsbescheid. Die Problematik ergibt sich aus der engen (man kann auch sagen: nicht behindertenfreundlichen) Auslegung eines Urteils des Landessozialgerichts Nordrhein-Westfalen aus dem Jahr 2013 durch den Bezirk Oberbayern. Zum einen geht es darin nicht in erster Linie um die Form der Mobilitätshilfe, die Friedrich Y. in Anspruch nimmt, sondern um Kosten für die Anschaffung eines behindertengerechten Kfz. Der Besuch der Mutter der Klägerin durch die in diesem Urteil genannte »Familienheimfahrt« war auch deswegen problematisch, weil die Klägerin angab, dass die Mutter sie einmal die Woche besuche, um sie zu pflegen. Bei Friedrich Y. ist der Besuch der Mutter – was man an ihrem Lebensalter erkennen kann – keine »Familienheimfahrt« im üblichen Sinne (wie bei einer Heimfahrt von einer stationären Einrichtung), sondern der Besuch einer erwachsenen, nichtbehinderten Freundin, die im »Nebenberuf« seine Mutter ist.

In den Schreiben der bezirklichen Sozialverwaltung ist zu lesen, es gehe darum, den Kontakt mit der Umwelt, »nicht nur mit der Familie« zu ermöglichen. »Nicht nur mit der Familie« heißt eben auch mit Familienangehörigen. In einem weiteren Schreiben im Rahmen der gerichtlichen Auseinandersetzung wird betont: »Im Einzelfall kann ein Anspruch auf Gewährung von Familienheimfahrten bestehen.« Wieso soll das nur bei behinderten Menschen gelten, die in stationären Einrichtungen leben? Im Kommentar zum Bundesteilhabegesetz, den Friedrich Y. kennt, ist zu lesen: »In welchem Maß durch welche Aktivitäten ein behinderter Mensch am sozialen Leben teilnimmt, ist abhängig von seinen individuellen Bedürfnissen... Es ist insoweit bei der Beurteilung ein individueller und personenzentrierter Maßstab anzuwenden.« In seinem Fall wird ein Gerichtsurteil, in dem es um eine Frau geht, die wöchentlich einen Besuch durch ihre Mutter erfährt, weil diese sie pflegt, als grundsätzliches Urteil für die Frage von »Familienheimfahrten« herangezogen. In der bayerischen Verfassung (Art. 125, Abs. 2) findet Friedrich Y. folgenden Passus: »Die ... soziale Förderung der Familie ist gemeinsame Aufgabe des Staates und der Gemeinden.«

Friedrich Y. versteht die Welt nicht: Alle nichtbehinderten Menschen in Oberbayern können ihre Eltern und ihre Geschwister und auch sonst alle Familienangehörigen besuchen, wann und wie sie wollen. In seinem Fall wird ihm unterstellt, er habe durch die

Besuche bei seiner Mutter das Gemeinwesen betrogen. Er fühlt sich wie ein Verbrecher. Was bewegt die Sachbearbeiter_innen und den Chef der Sozialverwaltung, ihm sein Recht, das er aus der UN-Behindertenrechtskonvention sowie dem Bundesteilhabegesetz ableitet, nicht zuzugestehen?

> Eine anständige Verwaltung müsste ausreichen,
> nicht nötig, das alles mit Politik zu beschweren
>
> (Vuillard / Kongo)

*

Zweckrationalität
»Niemand überlebt gesellschaftliche Katastrophen so unbeschadet wie der Fachbeamte, wie sich etwa an den Kontinuitäten des deutschen Verwaltungsapparats veranschaulichen lässt, der vom Kaiserreich bis in die Bundesrepublik existiert und Revolution, Faschismus und die sogenannte »Stunde Null« überstand«, stellt Oskar Negt in seinen Gemeinwesen-Vorlesungen fest (2019, 16). Der Fachbeamte hält sich an Recht und Gesetz und es ist ihm egal, unter welchem Regime er arbeitet: »Die entpolitisierte Erziehung des Fachbeamten ist die besondere Qualität und die habituelle Voraussetzung der Verwaltungsrationalität« (ebd.). Diese Rationalität – für welchen Zweck auch immer – hat selbstredend nicht nur für die Herrschenden Vorteile. In meinen

Beispielen ist eine effiziente und rational arbeitende Verwaltung (vorausgesetzt, sie ist personell ausreichend ausgestattet) auch von Vorteil für diejenigen, die Leistungen in Anspruch nehmen: Ihre Anträge werden zügig behandelt und die Betroffenen können sicher sein, dass dem geltenden Gesetz genüge getan wird und sie auch »richtig« behandelt werden. Allerdings bestehen in Sozialverwaltungen (hier: in der Verwaltung der Interessen behinderter Menschen) mehrere widersprüchliche Anordnungen, die im Verwaltungshandeln nicht adäquat bearbeitet werden können, weil Ausbildung und organisatorisches Eigeninteresse dafür kein »Rüstzeug« bieten. Da ist zum einen die Tatsache, dass hinter den schriftlichen Anträgen (auf Mobilitätshilfe, auf soziale Teilhabe etc.) reale, lebende und anspruchsberechtigte Menschen stehen. Und – das gilt nicht nur für den Behindertenbereich, auch Kinder- und Jugendhilfemaßnahmen etc. sind davon betroffen – die jeweiligen Menschen mit ihren wunderbar unterschiedlichen Biografien, Bedürfnissen und Ansprüchen an ein sinnvolles Leben passen mit ihren Wünschen nicht in das organisationslogisch erstellte Raster für die Bearbeitung von Anträgen. Einzigartigkeit und der Wunsch, diese auch zu leben (damit wenigstens ansatzweise die Möglichkeit entsteht, ein weniger beeinträchtigtes Leben zu führen), knallt auf verwaltungsrationales Effizienzbestreben. »Wo kämen wir bei 20 000 Behinderten und mehr denn hin, wenn wir alle Wünsche der

Betroffenen im Leistungskatalog verzeichnen müssten?«, fragt die Verwaltungsangestellte bzw. -beamtin ärgerlich. Die Frage kann beantwortet werden: zu einem Zustand, der mit dem unzureichenden Wort »Inklusion« gemeint ist.

Ein weiterer Widerspruch liegt darin, dass Verwaltungen im kommunalen Bereich durch Gebühren, Abgaben und Steuermittel finanziert werden. Die Bezugnahme auf das allgemeine Interesse aller (von Politiker_innen tagtäglich als »für das Land«, »für das Gemeinwesen«, »für das Wohl der Wirtschaft« etc. ausgedrückt und in weiteren Sprechblasen von sich gegeben) ermöglicht nun, diese finanzielle »Verantwortung gegenüber dem Gemeinwesen« (genannt wird in einem Schreiben der Steuerzahler als zu berücksichtigender Gemeinwesenfaktor) gegen die subjektiven Bedürfnisse behinderter, anspruchsberechtigter Menschen auszuspielen. Diese erscheinen dann gar als »asozial«, wenn sie Leistungen fordern, die nichtbehinderte Menschen nicht nötig haben. Vergessen wird unverzüglich (kein »Raster« dafür haben entspricht einem permanenten Vergessen), dass schwerbehinderte Menschen genau deshalb besondere Leistungen benötigen, um wenigstens ansatzweise so leben zu können wie die nichtbehinderten Gemeinwesenmitglieder. Und nicht zu vergessen: Bayern ist eines der letzten Bundesländer, in denen behinderte Menschen aus ihren Ghettos »befreit« werden konnten – und nach wie vor hat die Sozialverwaltung großes

Interesse daran (dies der dritte Widerspruch),
Institutionen zu fördern und keine selbstbestimmten behinderten Menschen: Das macht weniger Arbeit und man muss sich nicht mit den diversen Bedürfnissen und Wünschen anspruchsvoller und eigensinniger Menschen herumschlagen.

Dem Präsidenten entgegenarbeiten

Für Parteimitglieder, aber auch Staatsbeamte in der Zeit des deutschen Faschismus stellt Ian Kershaw ein Verhaltensmuster fest[10], das in unserem Zusammenhang von Interesse sein könnte. Gleich zu Beginn des Kapitels mit der Überschrift »Dem Führer entgegenarbeiten« wird ein Beamter zitiert, Werner Willikens, Staatssekretär im preußischen Landwirtschaftsministerium: »Jeder, der Gelegenheit hat, das zu beobachten, weiß, dass der Führer sehr schwer von oben her alles das befehlen kann, was er für bald oder für später zu verwirklichen beabsichtigt. Im Gegenteil, bis jetzt hat jeder an seinem Platz im neuen Deutschland dann am besten gearbeitet, wenn er sozusagen dem Führer entgegenarbeitet« (zit. n. Kershaw 1998, 665). Für die Angestellten und Beamten in einer demokratischen

---

10   Dass es auch »Handlungsspielräume von Behörden und Institutionen, bezogen auf ihre politische Einbindung und ihre strukturelle Stellung im Staatsgefüge« (Gruner & Nolzen 2001, 8) gab, zeigt der Band von Mecking & Wirsching (2005): *Stadtverwaltung im Nationalsozialismus*.

Sozialverwaltung sollte der Wille eines gewählten Präsidenten keine große Rolle spielen; zudem wird die Verwaltung im kommunalen Bereich durch gewählte Gremienvertreter_innen kontrolliert – das, und nicht viel mehr, ist ihre ureigenste Aufgabe. Doch – wie sich im Bezirk Oberbayern exemplarisch zeigt – ist die Kontrolle der Verwaltung kaum möglich. Anfragen politischer Parteien werden verzögert und mit ausweichenden Angaben beantwortet, sodass politische Eingriffe in Verwaltungshandeln, und sei es noch so ungerecht, nicht möglich sind.[11] Selbst die grüne Partei – alle anderen sind in dieser Frage bereits »gleichgeschaltet« – lässt keine Gelegenheit aus, der Verwaltung für ihre Arbeit zu danken, und ihre Vertreter_innen sprechen davon, dass sie der Verwaltung nicht ins Handwerk pfuschen wollen. Der Versuch, die oben dargestellten behindertenfeindlichen Verwaltungsakte zum Thema zu machen und am Einzelfall zu skandalisieren, wird durch den gewählten Präsidenten sowie die Verwaltung selbst – in einmütigem Zusammenspiel – mit allen Mitteln torpediert. Doch damit ist noch nicht erklärt, welchem Ziel die Angestellten und Beamten

---

11 Anfragen sowie Anträge der Partei DIE LINKE in Bezug auf Verwaltungsakte und -handeln werden vom Präsidenten mit seiner Antwort als »erledigt« betrachtet, weil die politischen Interventionen sich in die »laufenden Angelegenheiten« des Präsidenten einmischen würden, was verfassungsrechtlich nicht möglich sei. Letztlich muss diese Frage ein (bayerisches) Verwaltungsgericht klären.

»entgegenarbeiten«; denn eins ist sicher: Einen faschistischen Staat mit einem »Führer« lehnen sie ebenso ab wie ihr Arbeitgeber.

Neben effizientem Arbeiten (was schnelles Abarbeiten von Anträgen und ihre schnelle Verbescheidung bedeutet) stehen Verwaltungen wie die des Bezirks Oberbayern systematisch unter Rechtfertigungszwang, dass sie Mittel, die sie wiederum von Landkreisen und Kommunen »abschöpfen«[12], auch sparsam ausgeben. Aufstiegschancen in der Karriereleiter und eine damit verbundene höhere Besoldung hängen bei Verwaltungsmitarbeiter_innen davon ab, wie »gut« sie in diesem Sinne (ökonomisch, rationell etc.) arbeiten; eine Bewertung durch die von Verwaltungsakten Betroffenen

---

12 Bezirke in Bayern finanzieren sich durch eine Umlage, welche die Landkreise sowie kreisfreie Städte zu bezahlen haben. Dazu kommen sogenannte FAG-Mittel (nach dem Finanzausgleichsgesetz), die über alle sieben Bezirke bedarfsorientiert gestreut werden. Über diese FAG-Mittel entscheidet seit Jahrzehnten die CSU-dominierte Staatsregierung. Die CSU-Männer und -Frauen in den Bezirkstagen empören sich regelmäßig darüber, dass diese Mittel nicht reichen würden und die Staatsregierung doch bitte usw. usf. Das Ganze kann als leicht durchschaubares »Spiel« verstanden werden, das der CSU die Hegemonie sichert: Die ortsnahen Politiker_innen geben sich als »Kämpfer_innen« für mehr Staatsmittel aus und können sich in der ansonsten staatstreuen CSU wie Rebell_innen gebärden; der Staatsregierung ist es ganz und gar egal, wie die Bezirke den Kommunen die Gelder aus der Tasche ziehen: Die Bezirksaufgaben sind gesetzlich geregelt und also muss bezahlt werden.

spielt keine Rolle. Eingeschnürt in all diese Vorgaben und – nicht immer ausgesprochenen – normativen Zwänge, haben subjektive Bedürfnisse behinderter Menschen gegenüber Organisationslogiken schließlich keine Bedeutung mehr: Es kommt zu einer kumulativen Dynamisierung verwaltungstechnischer Akte, in denen Menschen nur noch als Vollzugsobjekte einer zwangsrationalen Praxis vorkommen.

Vollkommenes Unverständnis

Behinderte Menschen müssen – wenn sie ein Taxi oder einen Beförderungsdienst in Anspruch nehmen – Ort und Zeit und mitfahrende bzw. besuchte Personen angeben. Gegenüber dem Bezirk müssen sie haargenau auflisten, wo sie wann und warum waren. Ein Antrag der LINKEN, diese Anforderungen auf ein Minimum zu begrenzen, weil damit Daten erhoben würden, die ein Verfolgungsprofil ermöglichten, zudem intimste Angelegenheiten (wie bspw. ein Bordellbesuch) offenbart werden müssten, was nichtbehinderten Menschen nicht auferlegt wird, wurde von allen anderen Parteien abgelehnt. Der CSU-Fraktionsvorsitzende meinte sich mit behinderten Menschen, die gerade wegen ihrer Behinderung nur den Grundsicherungsbetrag zum Leben haben, vergleichen zu müssen: »Ich bin Unternehmer und muss doch auch ein Fahrtenbuch führen«, lautete sein Argument, um den

Anspruch zu untermauern, dass Behörden für die Verwendung von Geldern eben auch einen Beleg benötigten.

Damit wird deutlich, wie wenig das subjektive Leben und Erleben behinderter Menschen in einer auf Lohnarbeit gemünzten Gesellschaft verstanden wird. Weil sie nicht »produktiv« (im Sinne einer profitorientierten Gesellschaft) tätig sind und sein können, haben sie für alles, was sie tun und lassen, Rechenschaft abzulegen. Eine auch nur annähernde Gleichstellung mit uns »Normalen« kann in dieser Anordnung nie erreicht werden.

Verzweifeln an Bayern[13]

Wie erkläre ich, was das Eigenwillige, Eigenartige an Bayern ist, besonders an Oberbayern? Es wird nicht reichen zu behaupten, dass Oberbayern im bayerischen *Landesentwicklungsprogramm* bei der regionalen Aufteilung die Nummern 14, 17 und 18 zugewiesen bekommt. Wie mache ich anderen Menschen klar, was es bedeutet, in Bayern geboren zu sein, dort aufzuwachsen und zu überleben? Als Karl Kraus 1933 seine *Dritte Walpurgisnacht* schrieb, eröffnete er sie mit dem Satz »Mir fällt zu Hitler nichts ein« – mir fällt zu *Bayern* nichts ein.

Nach langem Nachdenken fällt mir zu *Bayern* etwas ein: Zum 30. Geburtstag schenkte mir eine Freundin eine Postkarte mit einem Zitat Herbert Achternbuschs: »Diese Gegend hat mich kaputt gemacht, und ich bleibe so lange, bis man ihr das anmerkt«. Das ist Bayern – das ist Oberbayern.

---

13 Dieses Kapitel ist gedacht zum lauten Lesen. Zuletzt sprach ich den Text in Rudolstadt/Thüringen, wo ich auf Einladung des dortigen Theaterintendanten Steffen Mensching aus *Resonanzverhältnisse* (Weber 2018) lesen konnte. Mein Verzweifeln an Bayern erheiterte die thüringischen Zuhörer_innen außerordentlich. Sie lachten an den Stellen, die mich traurig machen, und waren ungläubig bei den Beschreibungen, die tatsächlich durch Quellen belegbar sind.

Das Baierischste[14], ja das Urbaierischste alles Bayerischen ist das Böllerschießen. Böllerschießen hat nichts zu tun mit den Raketen, welche zu Silvester in den Himmel geschossen werden. Es handelt sich – laut Wikipedia – um eine Tradition, bei der die Schützen »in Tracht oder historischen Uniformen« auftreten und an besonderen Fest- oder Feiertagen mit Böllern mittels »Schwarzpulver Krach erzeugen«. Was kann ich nun als linker, antifaschistischer, kommunistischer Intellektueller zum Böllerschießen als einem der höchsten bayerischen Kulturgüter sagen? Wie immer mache ich mich kundig und arbeite mich in das historisch und aktualpolitisch bedeutsamste Element bayerischer Hochkultur ein: die *Bayerische Böllerschützenordnung* (BBSO). Nach dem Studium dieser bayerischen Grundordnung für das korrekte Böllerschießen (ich lerne u.a. den Unterschied zwischen Hand- und Standböllern) versuche ich alles an kritischer Theorie, von Marx über Gramsci bis hin zu Althusser und Bourdieu, zu mobilisieren, um die *Böllerschützenordnung* in ihrem vollständigen Gehalt und in den feinen Facetten ihrer in Einzelparagraphen gefassten Ausführungen zu verstehen. Ich lese ein zweites Mal im Leben Bücher von Oskar Maria Graf, Lion Feuchtwanger und Ernst Toller, um dem Gelesenen auf die Spur zu kommen. Doch mein theore-

---

14 Das Rechtschreibprogramm empfiehlt bei der Eingabe »baierisch« dieses durch »barbarisch« zu ersetzen. Ein Wink des Semantik-Gottes?

tisches Instrumentarium versagt; die Böllerschützenworte verschlagen mir – fast – die Sprache:

> »Das Brauchtum verlangt eine einheitliche und traditionelle Anzugsordnung. ... Zur Männertracht ist es Pflicht, eine Jacke und einen Hut zu tragen. Ohnehin ist es (auch für Frauen) sinnvoll, mit einem Hut zu schießen, weil sonst das unverbrannte Pulver in den Haaren haften bleibt. Bundhosenstrümpfe sollen nicht nach unten abgerollt werden. Nicht traditionell gekleidete Schützen (z. B. mit Jeans) dürfen sich am Böllerschießen nicht beteiligen. Zum Schießen selbst gehört gemeinschaftliches, diszipliniertes, einheitliches und sicheres Auftreten« (Böllerschützenordnung 2009, 4).

Die strenge Kleiderordnung für den Schützen kann ich mit der ideologischen Ausrichtung und Einordnung des männlichen Körpers in einen militärischen Verband und damit in Befehls- und Gehorsamsstrukturen gerade noch erklären. Höchste Ausmaße an intellektueller Hilflosigkeit sind jedoch erreicht, wenn ich Grundsätze zum Umgang mit dem Böllergerät und zur Kommandofolge begreifen soll:

> »Voraussetzung für ein erfolgreiches Platzschießen ist der Schießplatz. ... Das Abfeuern von Anzündhütchen nach Ankunft am Parkplatz ist eine Unsitte, die nur zum Verstopfen des Pistons führt ... Schussversager dürfen nicht nachgeschossen werden! Am Schluss des Platzschießens werden alle Versager unter dem Kommando des Schießleiters abgeschossen« (ebd., 2ff.).

Um nun zu erkunden, ob – wie es das *Allgemeine Gleichbehandlungsgesetz* vorschreibt – Frauen in der Böllerschützenvereinigung Diskriminierungen ausgesetzt sind (obwohl mir trotz intensiven Nachfragens in der oberbayerischen weiblichen Bevölkerung keine Frau bekannt ist, die bei den Böllerschützen Mitglied werden will), telefoniere ich mit dem dafür zuständigen »Landesböllerreferenten«, um ihm das mögliche Gender-Problem zu erläutern und seinen Standpunkt dazu zu erfahren. Der Landesböllerreferent:

> »Vui san ned dabei«. Nachfrage meinerseits, wie viele es seien. Antwort: »Bei uns war oane im Verein und dann war da Deifi los. Des hob i scho amoi da *Süddeutschen* g'sogt, do war aa da Deifi los.« Auf die erneute Nachfrage bezüglich des vereinsinternen »Einsatzes« der Frauen bei den Schießveranstaltungen: »So a Dirndlgwand is ja wos Scheens, aber de Männer wern ned so ausfällig wia de Weiba. Fürn Kaffää und an Kuacha kemmas aber scho braucha.«

Gibt es hier für linke, emanzipatorische Politik etwas zu gewinnen? Kann ich als überzeugter marxistischer Feminist auch nur ansatzweise etwas dazu beitragen, dass oberbayerische Böllerschützen das dem anderen Geschlecht zugewiesene Kuchenbacken und Kaffeemachen als problematisch erkennen? Was müsste ich tun und wie müsste ich argumentieren, damit der Landesböllerschützenreferent eine vorgeschlagene Gleichberechtigung von Frauen in »seinem« Verein nicht als Terrorangriff auf sein heimatliches Brauchtum missverstehen wird?

Wenn Marx behauptet, eine gut gestellte Frage sei schon fast die Antwort, so hätte er angesichts der Existenz des Böllerschützenwesens diesen Satz nie geschrieben. Meine Fragen in Bezug auf eine politisch-kulturelle Strategie im Umgang mit bayerischem »Brauchtum«, insbesondere dem Böllerwesen, erzeugt Leere im Kopf, Mutlosigkeit und Verzweiflung.

Schließlich hilft mir ein Achternbusch-Satz, um die nächsten Jahre in Bayern zu überleben, ohne meine politischen Hoffnungen und meinen Humor zu verlieren: »Ob der Mensch ein Hirn hat, kann letztlich nur der Metzger entscheiden.«

Hitler statt Auschwitz – Die Koalition »funktionaler Erinnerungspolitiker_innen«

Im Bezirkstag findet in gewissen Abständen ein Treffen der Fraktionsvorsitzenden statt. Die LINKE macht dort den Vorschlag, Bezirksrät_innen sowie Verwaltungsmitarbeiter_innen solle die Möglichkeit gegeben werden, gemeinsam zur Gedenkstätte nach Auschwitz zu fahren; der Vorschlag war gedacht als eine Tat gegen Alexander Gaulands Verharmlosung des deutschen Faschismus als »Vogelschiss der Geschichte«. Der AfD-Mann Rainer Groß[15] kommentiert diesen Vorschlag: »Dann können wir ja gleich nach Tannenberg fahren.«[16] Großer Tumult, Empö-

---

15 Groß war bis Januar 2018 Vorsitzender der *Gustav-Stresemann-Stiftung*, die nicht zur AfD-Parteistiftung wurde. Gegründet wurde sie, um der islamfeindlichen und offen rechtsextremistischen Partei *Die Freiheit* als Parteistiftung zu dienen. Dahinter steckt die Anwaltskanzlei PWB Rechtsanwälte in Jena, welche die rechtsextreme Internetseite *journalistenwatch.de* betreibt. Berichten des Mitteldeutschen Rundfunks zufolge liefen im Sommer 2017 Ermittlungen gegen die Kanzlei wegen massenhaften Betrugs. Groß möchte sich von der PWB nicht öffentlich distanzieren: »Dann könnten die Wogen wieder hochkochen«.

16 In der Presse betonte Groß, er habe keine »offizielle Stellungnahme abgegeben, sondern nur laut gedacht«. Der LINKEN, die das Lautgedachte skandalisierte, drohte er mit einer Verleumdungsklage, weil das von ihr Behauptete »nicht der Wahrheit entspricht«.

rung bei LINKEN und der ÖDP. Nur wenige wissen etwas mit dem Wort »Tannenberg« anzufangen. Eine SPD-Bezirksrätin zu den LINKEN: »Sie hätten die AfD nicht so provozieren sollen.«
Zwei Monate später steht ein Antrag der LINKEN auf »Missbilligung der Tannenberg-Aussage« mit folgender Begründung auf der Tagesordnung: »Bezirksrat Rainer Groß (AfD) hat auf den Vorschlag, eine Auschwitzfahrt zu planen, den Gegenvorschlag gemacht, an einen Ort zu fahren, welcher der Hitler-Verehrung dient. Entweder er dachte an Tannenberg, in dessen Nähe Ende August 1914 eine Schlacht stattfand, die mit der Vernichtung der russischen Armee endete. Diese Schlacht, bei der 153 000 Soldaten sinnlos starben, trug zum Hindenburg-Mythos bei, den Adolf Hitler dadurch verstetigte, dass er ein 1927 eingeweihtes Denkmal bei Hohenstein in der Nähe Tannenbergs 1935 zum ›Reichsehrenmal‹ erklärte; ›der Sarg Hindenburgs wurde ebenfalls dort, entgegen dem testamentarischen Willen, in einer neu geschaffenen Gruft beigesetzt‹ (Hirschfeld et al. 2003, 920). Es kann auch sein, dass Rainer Groß ein anderes Tannenberg meinte, doch auch bei diesem handelte es sich um einen Ort der Hitler-Verehrung: Tannenberg auf dem Kniebis im Schwarzwald war während des Westfeldzugs der Nazis im Sommer 1940 das Kommandozentrum Adolf Hitlers, auch Führerhauptquartier genannt (vgl. Benz et al. 1998, 475).« Die CSU beantragt die Nichtbehandlung; CSU, SPD, Freie Wähler, AfD, FDP und Bayernpartei stim-

men dem Antrag zu. »Hitler statt Auschwitz« wird nach dem Willen der konservativen Mehrheit nicht Diskussionsgegenstand; unter den SPD-Mitgliedern, die zustimmen, sitzen Frauen und Männer, die in der Flüchtlingsarbeit tätig sind, von den Nazis verfolgte Eltern oder Großeltern in ihren Familien haben oder auf antifaschistischen Demonstrationen ihre Partei vertreten.

*

Erinnerungspolitik ist ein zentrales Feld für die Auseinandersetzung um die theoretische Verortung des Faschismus. Für die konservativen und liberalen Kräfte und Parteien der BRD war es eine politische Pflichtübung, Antisemitismus als Teil »nationalsozialistischer« Ideologie und Politik zurückzuweisen, ohne den Versuch zu unternehmen, den Holocaust verstehen zu wollen. Die deutschen Täter_innen wurden in diesem Geschichtsbild zu Opfern einer »verantwortungslosen« und »barbarischen« Politik, die sie nicht durchschauen konnten. Weder die kulturellen noch die sozialpsychologischen – und schon gar nicht die ökonomischen – Zusammenhänge wurden in die Erinnerungspolitik der BRD eingeschrieben. Als Beispiel dieser »Verschiebung« im Täter-Opfer-Diskurs mag die Bundestagsresolution vom 13. Juni 1985 gelten, die »implizit den Holocaust mit der Vertreibung der Deutschen aus dem Osten 1944/45 gleichsetzt« (Postone 2005, 154). Diese Form der bürgerlichen

Erinnerungspolitik in Westdeutschland ist der Humus für Sätze wie den von Alexander Gauland (AfD), in der der deutsche Faschismus (und damit die Vernichtung von Millionen von Juden) zum »Vogelschiss in über tausend Jahren erfolgreicher deutscher Geschichte« (Gauland, zit. n. Detering 2019, 35) verkleinert wird. »Die Grenzen des Sagbaren auszuweiten« (ebd., 7) ist das Ziel der neuen faschistischen Sprachpolitik, wie Gauland unverhohlen in einem FAZ-Interview zum Besten gibt. Kein Wunder, dass es eine AfD-Facebook-Gruppe gibt, die eine Pizzaschachtel mit dem Namen Anne Franks darauf zeigt, worunter zu lesen ist: »Die Ofenfrische« – anspielend auf die Vernichtung der aus den Niederlanden deportierten jungen Jüdin im KZ Bergen-Belsen.[17] In Bayern werden die »Grenzen des Sagbaren« durch AfD-Parlamentarier systematisch ausgeweitet. Das beginnt mit dem Verlassen des Saales, in dem die Vorsitzende der Israelitischen Kultusgemeinde Münchens, Charlotte Knobloch, im Januar 2019 an den Holocaust erinnert, setzt sich fort mit dem Beschimpfen von Journalisten

---

17 Die baden-württembergische Landtagsabgeordnete Christina Baum empörte sich darüber, dass der AfD-Bundesvorstand seine Mitglieder aufforderte, die Chatgruppe zu verlassen. Aus Protest gegen diese Anweisung trat sie der Gruppe bei (vgl. Weber 2018, 452). Im Juli 2019 schreibt die FAZ: »Christina Baum hat einen engen Draht zu Björn Höcke, sie erzählt seit Wochen, dass Meuthen als Bundesvorsitzender keine Zukunft habe« (17.7.2019).

als »Ratten von den Medien« durch den AfD-Abgeordneten Roland Magerl (*Münchner Merkur* 23.7.2019) und der AfD-Forderung im bayerischen Landtag nach einem Melderegister für Fehlbildungen bei Neugeborenen, womit (unausgesprochen) unterstellt wird, der »deutsche Volkskörper« werde genetisch durch Behinderte und Ausländer zerstört. Dazu passen die Aussagen des saarländischen AfD-Abgeordneten Rudolf Müller, Jugendlichen ab 16 Jahren das Wählen zu erlauben, weil ja auch »ein Schwerstbehinderter wählen darf«. Anstatt die in dem Antrag implizierte Diffamierung behinderter Menschen als »unreif«, »nicht einsichtsfähig« und »unerwachsen« zu skandalisieren, verteidigt der SPD-Abgeordnete Thul die Ehre des Parlaments und nicht die Menschenwürde der betroffenen Behinderten: »Sie verhohnepiepeln hier die Arbeit unseres Parlaments.« Bei solch mangelnder Fähigkeit zur Konfrontation der Neofaschisten mit ihren völkischen, nationalistischen und sozialdarwinistischen Inhalten hat die Strategie der rhetorischen Grenzüberschreitung Erfolge zu verzeichnen.

Zurück zur Erinnerungspolitik: Die neuen Faschisten der AfD brechen in der Erinnerungspolitik mit dem im konservativen Lager hegemonial gewordenen Diskurs: Ablehnung jeglichen positiven Bezugs auf die Zeit des deutschen Faschismus inklusive des Antisemitismus bei Ignorieren jeglicher analytischen Aufklärung der (vor allem ökonomischen und die Kapitalinteressen betreffenden) Zusammenhänge und Hintergründe für das Entstehen und Fortbestehen der deutschen Faschismus-Variante: In der Dresdner Rede vom Januar 2017 hat Björn Höcke explizit 1945 zu einer Zeitenwende erklärt, vor der alles besser war: »Unser einst intakter Staat«, »unsere einst schöne Heimat«, »unsere einst stolzen Städte«, »unsere einst geachtete Armee« seien verschwunden durch die »umfassende Amerikanisierung und die nach 1945 begonnene systematische Umerziehung«[18] (zit. n. Detering 2019, 24/25). Den italienischen Faschismus lobt Höcke wegen »der Ausschaltung der Mafia, der Trockenlegung der Sümpfe, der guten Straßen und der pünktlichen Züge« (Höcke 2019, 142), dem deutschen Faschismus hält er »seine historische Wirkkraft« und »seine ernsthaften Versuche, die liberalistischen Krisen Anfang des 20. Jahrhunderts zu überwinden« (ebd.), zugute. Im Klartext: Die Wirksamkeit der nazistischen Ideologie und Praxis bei der Vernichtung von Juden, Sinti und Roma, Kommunisten und »Minderwertigen« beeindruckt

---

18 Dieses Bild findet sich auch bei Peter Sloterdijk, der die Zeit nach 1945 als »Katastrophe der Gegenwart« (2001, 313) und »europäische Krise« bezeichnet, in der die humanistischen Versagerinstanzen (Christentum, Marxismus und Existenzialismus) den Weg bereitet haben für die Umerziehung und »Amerikanisierung« Deutschlands. Höcke bezieht sich auch in seinem Interviewband auf Sloterdijk und dessen Metapher von der »wohltemperierten Grausamkeit«, die es anzuwenden gilt, wenn die »Volksfremden« aus Deutschland »remigriert« werden (Höcke 2019, 254).

Höcke ebenso wie die Überwindung demokratisch verfasster Staatlichkeit (mit Frauenwahlrecht, Abschaffung des Adels, Integration der Arbeiterbewegung etc.) nach 1919. Ein wichtiger Referenzpolitiker für Höcke ist Edgar Julius Jung, der Verfechter einer »konservativen Revolution« in der Weimarer Zeit (und Redenschreiber Franz von Papens) war. Sein Buch *Die Herrschaft der Minderwertigen* verficht die Abschaffung des (demokratischen) »Systems«, gepaart mit der Diktatur der Elite: »Wir anerkennen auch Recht und Pflicht der Besten, die Minderwertigen zu führen und zu erziehen. Wir fordern von der Masse freiwillige Selbstunterwerfung unter den Willen des hochwertigen Führertums« (Jung 1927, 156). Edgar Julius Jung als Vorbild der AfD-Politik: Erziehung und Führung der Minderwertigen – Aussonderung und Vernichtung bei »Nicht-Erziehungsfähigkeit« inbegriffen.

Opfer, Täter und Vernichtete

Der Bezirk Oberbayern bezuschusst den *Volksbund Deutsche Kriegsgräberfürsorge*. Bereits 2010 kritisiert die LINKE diesen Zuschuss als unnötig und falsch: Der *Volksbund* betreue Gräber von SS-Männern und faschistischen Tätern. Die Bezirkstags-Vizepräsidentin von der SPD empört sich, der Antrag der LINKEN »triefe vor Bösartigkeit«, obwohl alle historischen Behauptungen belegt sind. Eine umfassende Anfrage aus dem Jahr 2019 ergibt: Der Bezirk Oberbayern ist in keiner Weise für die Pflege und Erhaltung von Grabstätten nach dem *Deutschen Gräbergesetz* zuständig, der *Volksbund* muss über den Zuschuss keine Rechenschaft ablegen, er muss noch nicht einmal die Bedürftigkeit dafür nachweisen. Seit dem Beschluss im Jahr 1955 hat sich das Gremium des Bezirkstags mit diesem Thema nicht befasst (Ausnahme: Beschäftigung mit den Anträgen der LINKEN) .
Der *Volksbund Deutsche Kriegsgräberfürsorge* war zum Zeitpunkt des Beschlusses 1955 in seiner Vorstandschaft durchsetzt von alten Nazis und Tätern. So war der »Bundesamtsführer« und Nazi Otto Margraf (»*Volksbund Deutsche Kriegsgräberfürsorge* bedeutet Besinnung auf Ehre und Größe der Nation, auf die heldischen Opfer und den Todesmut unserer Gefallenen ... auf das Deutschtum überhaupt«, Margraf 1944) nicht nur vor 1945 »Führer« des *Volksbunds*, er wurde 1946 bei Wiederaufnahme der VDK-Arbeit

dessen Generalsekretär, was er bis 1969 blieb. Der VDK unterhielt lange Jahre Kontakte zum Verband der Soldaten der ehemaligen Waffen-SS, der *Hilfsgemeinschaft auf Gegenseitigkeit der Angehörigen der ehemaligen Waffen-SS* (HIAG). Hohe Funktionäre des VDK traten auf den Jahrestreffen der HIAG auf, so etwa der damalige Vizepräsident Hans-Otto Weber 1982 in Bad Hersfeld.

Die sogenannte Jugendarbeit des *Volksbunds* besteht u. a. darin, Gräber von ehemaligen SS-Männern (10 % laut Antwort der Bundesregierung auf eine kleine Anfrage der LINKEN vom 20.5.2019) und Tätern des Naziregimes zu pflegen. Einer dieser Täter ist Christian Wirth. Im italienischen Ort Costermano wird sein Grab 716 im Block 15 von Unkraut gereinigt und gepflegt. Christian Wirth war an der »Aktion T4« zur Ermordung sogenannter lebensunwerter Behinderter und psychisch Kranker beteiligt: In Schloss Hartheim bei Linz (wo sowohl behinderte Menschen als auch KZ-Insassen aus Dachau und anderen Lagern vergast wurden) äußerte er in einer Ansprache: »Was nicht zu retten ist, kommt ins Krematorium und wird verbrannt« (Klee 2003, 680). Ab 1941 wechselte Wirth zur *Aktion Reinhardt* zur Vernichtung der jüdischen Bevölkerung sowie von Sinti und Roma und war offiziell Inspekteur der Vernichtungslager. Wirth, der ab Herbst 1943 in Triest die Ermordung von Juden und anderen Bevölkerungsgruppen koordinierte, wurde im Mai 1944 von italienischen Partisanen getötet.

Bei der Abstimmung über den Antrag, dem *Volks-*

bund den Zuschuss nicht mehr zu gewähren, sind sich CSU, Freie Wähler, SPD, FDP, AfD und Bayernpartei einig: Die vorbildliche Arbeit des *Volksbunds* solle weiter bezuschusst werden; die Jugendarbeit des *Volksbunds* sei hervorragend (SPD); den Opfern und ihren Angehörigen müsse es möglich sein, die Gräber ihrer Toten auch lange nach ihrem Ableben besuchen zu können (Freie Wähler). Als Opfer sind ausdrücklich SS-Männer und Vernichtungsexperten gemeint. Einzig eine junge Bezirksrätin der GRÜNEN erklärt, kurz nach einem Besuch der Gedenkstätte in Auschwitz finde sie es außerordentlich befremdlich, wenn SS-Männer als Opfer bezeichnet würden.

*

Der stellvertretende Bezirkstagspräsident der Freien Wähler, der SS-Männer und NS-Mörder zu »Opfern« macht (die Frage stellt sich: Wer waren die Täter zu diesen Opfern?), wirbt im Januar 2020 auf einer Euthanasie-Gedenkveranstaltung auf dem Gelände der psychiatrischen Anstalt in München-Haar dafür, aktive Erinnerungspolitik zu betreiben: »Es sind viele kleine und große Projekte, die die Erinnerung fördern.« An seinem Beispiel wird zweierlei deutlich. Erstens die bereits erwähnte Funktionalisierung der Erinnerungspolitik für eine unhinterfragte neue ausgrenzende Sozial- und Gesundheitspolitik, die demokratisch, teilhabeorientiert und sozial zu sein vorgibt. Gleichzeitig ist die Erinnerung an die Taten der Nazis mit einem strikten Trennungsstrich zwischen damals und heute verbunden. Als die Gruppe der »Münchner Psychiatrieerfahrenen« im Arbeitskreis Erinnerungskultur darauf verweist, dass strukturelle Ähnlichkeiten zwischen der psychiatrischen Versorgung damals und heute durchaus möglich und hinterfragbar seien, werden sie zurechtgewiesen: Solche Gedanken hätten keine Grundlage in der Realität. Zweitens: Wie sehr die Kategorien zwischen Opfern und Tätern verschwimmen, zeigt die »Anregung« einer am Arbeitskreis teilnehmenden SPD-Bezirksrätin. Sie schlägt vor, auch Angehörige von Tätern in die Erinnerungsarbeit zum Thema »Euthanasie« miteinzubeziehen. Die Täter-Opfer-Vermischung nimmt das für das bundesrepublikanisch-konservative Milieu konstituierende Konstrukt der Rechtfertigung auf, das selbst SS-Männer und KZ-Täter als Opfer einer hitlerschen Politik sieht, auf die sie »hereingefallen« oder der sie »aus jugendlichem Leichtsinn nachgegeben« hätten. Dass sie damit dem Muster der Nazis selbst (und der Neonazis heute) anheimfallen, sich als Opfer der Verhältnisse, der »Flut der Flüchtlinge«, der »Auslöschung des Volks« etc. zu sehen, bleibt ihnen verborgen. So sind Klaus Heinrichs Ausführungen zu den sich selbst zu Opfern stilisierenden Tätern nach wie vor aktuell: »Die so als Opfer Stilisierten können sich zu gleicher Zeit als Henker betätigen. Inbrunst und Zynismus wohnen dann in ein und der gleichen Person« (Heinrich 2016, 204). Die Ermordeten »werden nicht geopfert, sondern wie Ungeziefer vertilgt. Es ist daher eine Geschichtsklitterung und unglaubliche nachträgliche Kränkung, wenn die so Vertilgten, die nur in der Erinnerung auferstehen können, zu Opfern eines Systems verklärt werden – wie das in gedankenloser Rede oder Schrift oft geschieht –, das seinerseits gerade von der Opferverklärung lebt« (ebd., 205).

Endlösungs- und Vernichtungsdenken und -reden

Die AfD im Bezirkstag stellt einen Antrag, Dieselfahrzeuge weiter sinnvoll zu finden und Elektromobilität auf keinen Fall zu fördern. Die Grundstoffe für E-Motoren würden in der »Dritten Welt« durch Kinderarbeit gewonnen und das sei unmenschlich. Auf der Plenumssitzung weist der Fraktionssprecher der LINKEN darauf hin, dass die Bundestagsabgeordnete Beatrix von Storch auf die Frage, ob sie von den deutschen Grenzen auch Kinder mit der Waffe fernhalten, also sie erschießen wolle, mit einem klaren »Ja« geantwortet habe (vgl. Detering 2019, 14). Frau von Storch sei von mindestens zwei der anwesenden AfD-Bezirksräte zu einer Veranstaltung eingeladen worden. Wenn die AfD nun auf Kinderrechte verweise, so sei das völlig unglaubwürdig. Die Antwort eines AfD-Mannes darauf: »Man darf politisch different sein. Aber so Leute zu verunglimpfen, das hat ein Ende und das werden Sie spüren!« Keine Rüge durch den CSU-Präsidenten, kein Tumult in der Versammlung – ohne Widerspruch zur ausgesprochenen Drohung wird weiterverhandelt.

*

Bereits Björn Höcke, zu dessen »Flügel« ein Großteil der (ober-)bayerischen Parteimitglieder zu zählen ist, hat seinen politischen Gegnern – im Falle einer Mehrheit der neuen Nazis – gedroht:

»Dann gnade euch Gott!« (vgl. Weber 2018, 16) Auf inhaltlich wie sachlich korrekte Argumentationen antworten Funktionäre wie Anhänger der neuen faschistischen Parteien mit Parolen oder Drohungen, die auf zukünftige (Gewalt-)Handlungen verweisen. Gleichzeitig werden Angriffe auf Flüchtlinge, aber auch Morde wie der in Halle als unpolitische Taten relativiert, die von den anderen Parteien dazu benutzt würden, der AfD zu schaden. Täter-Opfer-Umkehr auf allen Ebenen: Im Juli 2019 wird auf einer Wahlkampfveranstaltung in Lommatzsch (Sachsen) von Höcke und anderen faschistischen Rednern behauptet, es seien die »politischen Krebsgeschwüre« in Berlin und die »Ausländer, die unsere Töchter, Mütter und Frauen zu Freiwild erklären«. Sie – die starken deutschen Männer – würden die schwachen Frauen und Kinder verteidigen: »Wir werden kämpfen. Wir stehen wie eine Eins. Die Jagdsaison ist eröffnet.« Jede Jagd endet mit erlegtem Wild. Wen Höcke und Freunde mit den Gejagten meinen, ist keine Frage. Gezielt wird auf politische Gegner_innen, alle (gesinnungsmäßig) Nicht-Deutschen sowie die wirklich Schwächsten und Rechtlosen der BRD: die Flüchtlinge. Der oberbayerische AfD-Mann und Bezirksrat Demmel spricht in seinen Reden vom »Volkstod« (ein Begriff, den Goebbels gerne im Munde führte) und davon, dass »die Islamisten einen islamistischen Staat gründen und alle Nichtmuslime vernichten wollen«. Das alles geschehe durch eine kluge Steuerung von Ex-Stasi-Leuten (»Überbleibsel der Stasikräfte«) gemeinsam mit Antifaschist_innen sowie »Kollaborateuren aus den kommunistischen Bewegungen«. Deren einziges Ziel sei es, die wirklich anständigen Deutschen der AfD »zu bekämpfen und zu vernichten«.

Tod, Vernichtung, Kampf. Die zentralen Begriffe der neuen Nazis sind so arrangiert, als wären sie selbst bedroht. Mit Freuds Analysen der *Traumdeutung*[19] könnte man vermuten, dass das latent vorhandene psychische Material vor allem in dem Wunsch besteht, die imaginierten Gegner und Feinde vollständig zu vernichten, um die eigene »Identität« – um die fast alle Reden kreisen – stabil zu erhalten. Da dieser Wunsch nicht offen ausgesprochen werden kann, wird er auf die Motivstrukturen der vermeintlichen Gegner_innen »verschoben«. Ein deutlicher Beleg dafür, dass es um die bedrohte Ich-Struktur gehen könnte, ist die Willkür bei der Benennung der »Feinde« und das völlige Fehlen jeglicher Argumentationsmuster: Moslems, Islamis-

---

19 »Wir haben bereits die Deutungsregel kennengelernt, dass jedes Element des Traums für die Deutung auch sein Gegenteil darstellen kann, ebensowohl wie sich selbst. ... Solche Verwandlung ins Gegenteil wird durch die innige assoziative Verkettung ermöglicht, die in unserem Denken die Vorstellung eines Dings an die seines Gegensatzes fesselt. Wie jede andere Verschiebung dient sie den Zwecken der Zensur, ist aber häufig auch das Werk der Wunscherfüllung« (Freud 1972, 454).

ten und Ausländer werden in einen Topf geworfen; Antifa, Stasi und Angela Merkel sind – nicht selten mit DDR-Metaphern garniert – einig in der Vernichtung des »Deutschen«. Weder Reden noch Überzeugen noch andere Praktiken der politischen Arbeit stehen im Mittelpunkt der AfD-Reden. Kriegs- und Todesworte wie -metaphern zeichnen sie aus und (ver-)führen zur einzigen Möglichkeit, den »Gegnern« zu begegnen: mit der Drohung ihrer Auslöschung.

Doch nicht nur inhaltlich, auch was die Form betrifft sind die Reden der neuen Nazis »faschistisch« und gewalttätig, denn zumeist handelt es sich um die Form der »Beweisrede«, die Klaus Theweleit am Beispiel des norwegischen Nazi-Mörders Breivik aufschlüsselt: »Die ›Beweisrede‹, die nichts weiter sein will als eine Beweisrede des ›Rechthabens‹ im eigenen Standpunkt und nichts weiter im Schilde führt als eben diese Rechtfertigung der eigenen Handlungen, ist gewalttätig. Eine zivilisierte Rede setzt sich mit den Reden anderer, wer sie auch seien, auseinander; nimmt ihre Gefühle wahr und nimmt sie ... ernst ... Wer eine Stunde lange redet, um eigene Standpunkte zu untermauern und seine Handlungen zu rechtfertigen, ist strukturell ein Faschist« (2015, 140).

Opferschuld und Mördermitleid

Februar 2020: Im Jahrbuch 2020 des *Heimatverbands Lech-Isar-Land* findet sich ein Beitrag vom Heimatpfleger des Landkreises Weilheim-Schongau über den ersten bayerischen Ministerpräsidenten Kurt Eisner (USPD) und Graf Arco auf Valley, seinen Mörder. Der Autor resümiert zu Eisner, dessen »Umsturz zerstörte den evolutionären Fortschritt Bayerns hin zu einem liberaldemokratisch verfassten Staat« (Schmidbauer 2020, 158) und die bayerische Revolution eröffnete eine »unheilvolle Entwicklung, für Bayern und Deutschland« (ebd., 143). Schon König Ludwig III. habe ein »Verhältniswahlrecht« einführen lassen wollen (durch einen Landtag, der zwar Beschlüsse fassen konnte, die aber für den adligen Herrscher keinesfalls verbindlich waren), das wiederum ein »Frauenwahlrecht bringen sollte« (ebd., 158).

Der Mörder Eisners wird als junger Mann beschrieben, sanftmütig und gewaltfrei, der sich von anderen dazu habe hinreißen lassen, Eisner zu töten. »Er war das jugendliche Opfer eines Complottes« (ebd., 146), wird Graf Arcos Mutter zitiert. In der Rocktasche von Graf Arco befand sich ein Zettel mit den Motiven seiner Tat: »Eisner strebt nach Anarchie, er ist Bolschewist, er ist Jude, er ist kein Deutscher, er fühlt nicht deutsch, er untergräbt jedes deutsche Gefühl, er ist ein Landesverräter« (ebd.). Bei Schmidbauer wird daraus: »Arco wandte sich nicht aus rassistischen

Überlegungen, sondern vor allem als bayerischer Patriot und Monarchist gegen Eisner und dessen Revolution« (ebd., 158).

*

Der Autor des Jahrbuch-Beitrags ist als »Kreisheimatpfleger« – wie es in einer Bekanntmachung des bayerischen Kultusministeriums vom 17.2.1981 heißt – dafür berufen, »sachkundiger Berater und Helfer« zu sein: für Institutionen wie für die »Heimatpflege« und für andere wichtige Angelegenheiten (z.B. Denkmalschutz). Dazu gehört auch die Vermittlung bayerischer Geschichte – allerdings nicht so, wie sie ein Heimatpfleger gerne hätte, sondern so, wie sie wissenschaftlich belegbar ist. Der »traditionelle Intellektuelle« Schmidbauer schlägt in seinem Beitrag vor, historische Sachverhalte nur »in ihrer Zeit« zu betrachten. Er meint damit, Graf Arco auf Valley habe die »Katastrophe für Bayern und Deutschland«, welche »der von Eisner initiierte Umsturz« (2020, 141) gewesen sei, in weiser Voraussicht abwenden wollen und sei also eher ein Freiheitsheld denn ein Mörder gewesen. Der Mord sei »gemeinschaftlich geplant« gewesen (ebd., 145), was Schmidbauer als mildernden Umstand für Graf Arco gelten lässt. Heutzutage (da genügt ein Blick ins Strafgesetzbuch) ist gemeinschaftlich begangener Raub oder Totschlag kein »mildernder«, sondern ein strafverschärfender Umstand.

»Jede gesellschaftliche Gruppe schafft sich«, so Antonio Gramsci, »organisch eine oder mehrere Schichten von Intellektuellen, die ihr Homogenität und Bewusstheit der eigenen Funktion nicht nur im ökonomischen, sondern auch im gesellschaftlichen und politischen Bereich geben« (1996, 1497). Wenn Gramsci weiter ausführt, die Bauern hätten »in der Welt der Produktion« zwar »eine wesentliche Funktion« (ebd., 1498), aber keine »Schicht ›traditioneller‹ Intellektueller«, so muss man für die außerordentlich konsistente und hegemoniefähige bayerisch-konservative Politik feststellen: Diese hat in den »Superstrukturen« sehr viele traditionelle Intellektuelle, deren Funktion mit der »Welt der Produktion« nichts mehr zu tun haben und einzig und allein zur ideologischen Herstellung und Absicherung dessen dienen, was »bayerische Kultur« in ihrer staatstragenden Funktion ist. Dazu gehört ein enorm aufgeblähter Apparat im Heimatpflege-Bereich[20], im (meist ehrenamtlich betriebenen) Archivwesen und in der Förderung reaktionärer und historisch umstrittener Veran-

---

20 Kreisheimatpfleger werden meist von den Landrät_innen berufen, für jeden der bayerischen Bezirke gibt es einen (oft verbeamteten) gut bezahlten Bezirksheimatpfleger. Daneben werden vom *Landesverein für Heimatpflege*, der eine feste (staatliche Parallel-)Institution mit hoher Mitarbeiter_innenzahl darstellt, Zeitschriften wie *Schönere Heimat, Der Bauberater, Friedhof und Grabmal* sowie eine wissenschaftliche Buchreihe herausgegeben.

staltungen und Vereine (Gebirgsschützenverein; Kameradschaftsvereine etc.). Wenn Gramsci schreibt: »Alle Menschen sind Intellektuelle ...; aber nicht alle Menschen haben in der Gesellschaft die Funktion von Intellektuellen« (ebd.), so gilt für Bayern: Es gibt kaum Intellektuelle, aber eine Unmenge von angestellten und verbeamteten (vornehmlich) Männern, welche die Funktion von Intellektuellen einnehmen.

Alles beim Alten – mit etwas mehr Grün

Kommunalwahlen in Bayern: die CSU gewinnt, die GRÜNEN gewinnen dazu, Freie Wähler und SPD spielen wie ÖDP, LINKE und andere keine Rolle. Die bayerische AfD schafft nicht Mal in ihren starken niederbayerischen »Hochburgen« die Zehn-Prozent-Marke. Die Wahlbeteiligung liegt sehr viel höher als bei der letzten Wahl vor sechs Jahren – alle frohlocken über die bayerischen Wähler_innen, die ihrem demokratischen Auftrag usw.

Alle Fragen finden keine Antwort: Wieso werden trotz steigender Mieten und katastrophalen Eigentumsverhältnissen in München und Umgebung die Immobilienbesitzer-Parteien von CSU und GRÜNEN gewählt? Wie kommt es zu den schlechten Wahlergebnissen der AfD? Wieso glauben die Menschen, dass die GRÜNEN eine ökologische Partei sind, wo sie doch den umweltvernichtenden Kapitalismus in keiner Form zur Ursache des Raubbaus an den Ressourcen der Erde (mehr) machen, die Autoindustrie hofieren und – auf subjektiver Ebene – mehr Inlandsflüge absolvieren als die Abgeordneten der anderen Parteien (sowohl im Bund als auch in München)?

*

Zum Zeitpunkt der Kommunalwahlen (15. März 2020) hat die Corona-Pandemie in den Schlagzeilen Themen wie Migration, Flucht, Klimakatastrophe

u. a. bereits aus den Schlagzeilen verdrängt. Erste Überlegungen zum Schutz älterer und vorerkrankter Menschen (sogenannte Risikogruppen) werden diskutiert. Die AfD hat dazu bis dato keine Position finden können. Zum einen sind viele Wähler_innen der neuen Nazi-Partei überrascht, verärgert und/oder enttäuscht, weil Björn Höcke in Thüringen anlässlich der Ministerpräsidentenwahl das parlamentarische »Spiel« mitspielt – und verliert. Die klare Ablehnung des »Systems« und der bürgerlichen Eliten mitsamt den »Altparteien« (Bestandteil fast aller seiner Reden) gibt er damit auf.
Nicht, dass er ein Faschist ist und auch so genannt werden darf, hat Wähler_innen auf Distanz gebracht, sondern dass er den hitlerschen Habitus des »Gnade euch Gott« und damit den Bruch mit dem »System« aufgibt, lässt die AfD-Anhänger_innen an Höcke (ver-)zweifeln. Zudem werden die innerparteilichen Spaltungen in der »sozialen Frage« deutlich: Während Höcke für alle Deutschen will, dass sie ökonomisch abgesichert werden und bleiben (alle anderen dagegen sollen aus den Sozialsystemen rausgeworfen werden), plädiert Jörg Meuthen für den neoliberalen Kurs des AfD-Gründers Lucke. Alle sozialen Leistungen müssen gegen null gefahren werden; weil der Staat dann weniger Geld nötig hat, kann die Erbschaftssteuer für die Reichen gestrichen werden. Die Corona-Zeit hat die AfD vor dem Sozialparteitag, den sie bereits mehrere Male schon verschob, bewahrt.

Doch mag es einen weiteren Grund für die abnehmenden Zustimmungswerte zur AfD geben: Noch ist der Corona-Diskurs von Verantwortung, Vernunft und Solidarität mit den Alten und Schwachen geprägt, auch wenn Kontrolle, Disziplin sowie Denunziation mehr und mehr um sich greifen. Die nietzscheanische, antichristliche und antisozialistische Linie von Höckes »Flügel«, welcher Alte, Schwache, Obdachlose, »Arbeitsscheue«, »Asylanten« (und alle weiteren Gruppen, die einer »Herrschaft der Höherwertigen« im Wege stehen) nicht weiter durchfüttern will, weil sie den gesunden deutschen »Volkskörper« schwächen[21], hat im ansonsten ideologieträchtigen Herrschaftsdiskurs keine Auftreffstruktur: Das Virus kann beim besten Willen nicht rassisch und kaum sozial oder kulturell konnotiert werden – im Gegenteil: Urbayerische und urdeutsche Urlauber_innen, die Fasching feierten oder sich in Orten wie Ischgl, im Ötztal oder im Zillertal der »schönsten Nebensache der Welt«[22],

---

21 Damit nimmt Höcke Sarrazins Thesen aus *Deutschland schafft sich ab* auf.

22 Doch weder in Italien, wo die Ausbreitung in der Lombardei auf ein Fußballmatch in Mailand zurückzuführen ist, noch in Ischgl, wo der Tiroler Landeshauptmann in Gemeinschaft mit der örtlichen Gastronomie-Mafia alle Infizierten weiterarbeiten ließ, ging es um Sport: In Ischgl ist Skifahren Nebensache – tagsüber sind die meisten Skifahrer_innen bereits mittags sturzbetrunken und tanzen bei lauter Musik auf Biertischen; in Mailand waren es nicht die Sportler, die das

dem Sport, widmeten, brachten das Virus in ihre Wohnorte, wo es sich massenhaft verbreitete. Ein »völkischer Utilitarismus« ist (noch) nicht hegemoniefähig in Zeiten, wo Hilfsbereitschaft angesagt ist. Allerdings sollten wir uns nicht täuschen: Auch die Hilfsbereitschaft gilt in erster Linie den Eingeborenen; um die auf engsten Raum zusammengepferchten Flüchtlinge in den von Horst Seehofer etablierten Konzentrations-Zentren zur Abschiebung unerwünschter Menschen kümmern sich nur die wenigsten in dieser Zeit.

Virus verbreiteten, sondern diejenigen, die passiv und nicht selten unter starkem Alkoholeinfluss den über den grünen Rasen jagenden Fußballmillionären zujubelten.

Sozialwissenschaft und Führerschaft: Armin Nassehi als organischer Intellektueller der völkischen Bewegung

Mitte März 2020: Die Menschen in Bayern dürfen sich angesichts der Corona-Pandemie aus ihren Häusern und Wohnungen »wagen«. Viele halten sich besonnen an die von Ministerpräsident Söder (CSU) gelassen vorgetragenen Regeln. Gelobt werden sie von den Politiker_innen der CDU/CSU jedoch weitgehend nicht für Vernunft und Verantwortungsgefühl, sondern für ihre »Disziplin«, die auch in Zukunft notwendig sein werde, wie Bundeswirtschaftsminister Altmaier (CDU) fast täglich erwähnt. Die *Süddeutsche Zeitung* berichtet auf ihrer wichtigsten »Seite Drei« – die immer Reportagen und gut recherchierten redaktionellen Beiträgen vorbehalten ist – von der Art und Weise, wie der vordem in Oberbayern so verhasste Franke Markus Söder als Ministerpräsident immer mehr an Beliebtheit gewinne (19.3.2020). Nicht nur, dass er seine rassistischen Ausfälle (»Asyltourismus«) zurücknahm; als einziger Ministerpräsident bezeichnet er seit dem Frühjahr 2019 die AfD als »Nazis« und »neue NPD«. Der Redakteur der SZ ist davon überzeugt, dass ihm ein Soziologie dabei helfen kann zu verstehen, wie Markus Söder in kurzer Zeit solch hohe Beliebtheitswerte erzielen konnte. Er fragt einen Soziologieprofessor, der »gern um Hilfe gebeten wird, wenn es darum geht, die großen gesellschaftlichen Probleme zu lösen«:

Armin Nassehi. Dieser verschiebt die Frage nach der Beliebtheit Söders in der Coronakrise dahingehend, dass er sich »in den vergangenen Wochen Gedanken darüber gemacht habe, »wie der starke Anführer aussehen sollte, den die Menschen jetzt brauchen«. Auf dieser Suche sei er »bei Markus Söder gelandet«. Wer Führerschaft propagiert, hält von – auch bürgerlichen – Subjekten, die ein verantwortungsvolles Leben führen wollen, so gut wie nichts. Am Tag nach dem *Süddeutsche*-Artikel verkündet Nassehi im *Morgenmagazin* der ARD: »Allein auf die Vernunft der Menschen zu setzen, kann in diesen Zeiten nicht ganz vernünftig sein.«

*

Im Jahre 2012 wird Armin Nassehi durch das *Interkulturelle Dialogzentrum* in München mit dem IDIZEM-Dialogpreis in der Kategorie »Akademiker« ausgezeichnet. In der Jurybegründung heißt es, Nassehi trage »als Wissenschaftler beispielhaft zur Förderung und Bereicherung kultureller Werte und deren Anwendung in der Gesellschaft bei«. Ebenfalls 2012 wird Nassehi vom Bischof von Hildesheim, Norbert Trelle[23], zum Mitglied des Vor-

---

23 Als in Hildesheim bekannt wird, dass der 60-jährige Priester Peter R. (laut SPIEGEL einer »der bekanntesten Missbrauchstäter in der katholischen Kirche) im Zimmer eines 14-jährigen Mädchens nächtigte und versuchte, sie zu küssen, meint Bischof Trelle, ein Wangenkuss sei doch üblich »unter Jugendlichen«. Das Mädchen berichtet den Vorfall dem Bis-

stands der *Stiftung Forschungsinstitut für Philosophie Hannover* (fiph) ernannt, einem reaktionär katholischen Thinktank mit liberalen Einsprengseln (Honneth, J. B. Metz). 2018 zeichnet die *Deutsche Gesellschaft für Soziologie* Nassehi mit dem Preis für »herausragende Leistungen auf dem Gebiet der öffentlichen Wirksamkeit der Soziologie« aus. Im Jahr 2020 wird Nassehi in die »Corona-Arbeitsgruppe« der Nationalen Akademie der Wissenschaften *Leopoldina*[24] berufen, die *Süddeutsche Zeitung* (15.4.2020) bezeichnet ihn als einen der 26 »klugen Köpfe« dieses Gremiums (in dem auch zwei Frauen vertreten sind).

Was niemand wissen will – obwohl es jede_r wissen könnte, wenn er/sie wollte: Nassehi ist seit Jahren auf einem Annäherungskurs zu antikommunistischen, völkischen und autoritären Gruppen und Personen. In *Die letzte Stunde der Wahrheit* (2015) ist ein Briefwechsel zwischen Nassehi und

---

tum, Trelle behauptet später, er habe »keinen Missbrauchsfall erkennen können«. So wird dem Opfer empfohlen, sie solle »den Kontakt mit Peter R. meiden« (https://www.spiegel.de/panorama/justiz/bistum-hildesheim-geheimprotokoll-erhoeht-druck-auf-bischof-trelle-a-1067798.html).

24 Die *Leopoldina* tritt 2016 mit der Meldung an die Öffentlichkeit, es sei sinnvoll, von 1600 Krankenhäusern 1300 »einzusparen«, damit das Gesundheitswesen »effektiver« werde. Dass Angela Merkel dieser Institution das größte Vertrauen entgegenbringt, entspricht ihrer Zustimmung zu neoliberalen Politiken in jedem Bereich.

Götz Kubitschek[25], dem faschistischen Leiter des AfD- und Pegida-nahen *Instituts für Staatspolitik*, abgedruckt. Wenn die Werbung für Nassehis Buch suggeriert, dieser wolle die »Illiberalität rechten Denkens im Dialog enthüllen«, so wird beim Lesen des Briefwechsels einzig deutlich, dass Kubitschek es schafft, Nassehi problemlos auf seine Seite zu ziehen: »Ihren empirischen Beschreibungen mag ich vollends zu folgen«, bestätigt Nassehi Kubitschek, nachdem dieser seitenweise ausführt, wie verlogen die »Linken« seien, die ihre Kinder in »braven Vierteln« einschulen ließen, obwohl sie für eine »multikulturelle Gesellschaft« seien. Doch Nassehi, den sein Briefpartner als »Rechtsintellektuellen« betitelt, folgt Kubitschek nicht nur in seinen Ansichten, er übertrifft ihn gar: Er finde »die verwahrloste Generation von (Pseudo-)Marxisten der 1970er Jahre« unerträglich; zudem denke er, die NSU-Morde hätten keineswegs etwas mit völkisch-nationalistischem Gedankengut zu tun. Denn das deutsche Volk sei durchweg als positiv aufzufassen: Es sei »ein besonderes Volk«; der »Nationalsozialismus« habe damit nichts zu tun, denn dieser war »eher eine ›linke‹ Bewegung« (vgl. Weber 2016, 16ff.).
Bei Nassehi ist es unsinnig, vom »Verrat der Intellektuellen« zu sprechen. Er war weder jemals

---

25 In der Buchwerbung ist die Rede von einem »Verleger aus dem rechtskonservativen Milieu, mit dem üblicherweise kein öffentlicher Diskurs stattfindet«.

kritisch noch intellektuell. Was er von sich gibt, dient – deswegen der Preis seines Berufsverbands – der »öffentlichen Wirksamkeit der Soziologie«. Die Wirkung von Nassehis Denken soll die völkisch-nationalistischen Bewegungen und Parteien hoffähig machen für eine Demokratie, in dem die zur Vernunft unbegabten Menschen wieder einen »Anführer brauchen«.

Eigentümliche Heimat – Heimatliches Eigentum

Ende März 2020: Die Sonne scheint und viele Menschen wollen im Voralpenland einen Spaziergang oder eine kleine Bergtour – wegen und gegen die Coronakrise – unternehmen. Schon am Montag nach dem sonnigen Wochenende rufen Tegernseer Bürgermeister die in ihrem Wahlkreis wohnende Landtagspräsidentin Ilse Aigner (CSU) um Hilfe gegen die »Münchner«, die sich erdreisten, sich im Landkreis Miesbach erholen zu wollen. Wir »wollen keine Besucher« (SZ 24.3.2020) und schon gar nicht in den Tälern und auf den Bergen, schallt es aus einer der Gegenden Bayerns, die nicht nur Heinrich Himmler gerne als Gast auf seinen Gamsjagden begrüßte, sondern heute jeden Touristen mit Golf- und Parkplätzen sowie Schneekanonen empfängt, wenn er genug Geld im Beutel hat. Ihren Landkreis lassen die Bürgermeister deshalb von Samstag früh an von der (nicht) zuständigen Polizei absperren und schicken alle Menschen mit Münchener Kennzeichen zurück auf die Autobahn. Aus einem Leserbrief an die *Bayerische Staatszeitung:* »Es geht den Bürgermeistern einzig darum zu meinen, die Täler und die Berge in und um den Tegernsee seien ihr Eigentum. In Artikel 141 der Bayerischen Verfassung jedoch steht, dass ›der Genuß der Naturschönheiten jedermann gestattet‹ sei, nicht nur dann, wenn die Eingeborenen Reibach machen wollen.«

*

Als Lion Feuchtwanger den ersten Roman seiner Wartesaaltrilogie, *Erfolg*, zu Ende bringt, schreibt er an den Schluss des Romans eine »Information« für die Leser_innen, damit diese nicht glauben, er habe die Schilderungen über die Freikorps, die Waffenlager der aufkommenden Nazipartei und ihrer Unterstützer aus dem »Oberland« um Miesbach erfunden: »Material über die Sitten und Gebräuche der altbayrischen Menschen jener Epoche finden sich in einer Zeitung, die damals in einem altbayrischen Orte namens Miesbach erschien, dem ›Miesbacher Anzeiger‹. Diese Zeitung ist in zwei Exemplaren erhalten; das eine befindet sich im Britischen Museum, das andere im Institut zur Erforschung primitiver Kulturformen in Brüssel. München, März 1929« (Feuchtwanger 1975, 783).

Einübung in zivilen Gehorsam[26]

> Wer gegen die Gesetze dieser Gesellschaft
> nie verstoßen hat und nie verstößt
> und nie verstoßen will
> der ist krank.
> Und wer sich noch immer nicht krank fühlt
> an dieser Zeit
> in der wir leben müssen
> der ist krank
>
> (Erich Fried)

Hilfe und Repression – im Kleinen
Für das Kartoffelgratin fehlen mir noch 3, 4 Kartoffeln. Ich radle zum nächstliegenden Bioladen, um sie dort zu kaufen. Vor dem Eingang stehen Einkaufswägen, ein Plakat daneben verkündet: »Ich helfe Ihnen beim Einkaufen und beim Abstandhalten!« Für vier Kartoffeln reicht mir ein Korb – doch die Einkaufskörbe sind verschwunden. Ich packe die Kartoffeln in eine Papiertüte; währenddessen ruft mir der freundliche Kassenmann zu: »Sie müssen einen Wagen nehmen!« – »Nein, muss ich nicht!«, rufe ich zurück. – »Doch, das müssen Sie!«, schallt es mir erneut entgegen. – »Ich bin erwachsen, vernünftig

---

26 Der Beitrag erschien im Juni 2020 in der Zeitschrift der *Gewerkschaft Erziehung & Wissenschaft* Bayern, *Die Demokratische Schule*.

und verantwortungsvoll. Ich weiß, wie man Abstand halten kann, ich habe Augen im Kopf«, versuche ich zu argumentieren. – »Wenn Sie keinen Wagen nehmen, dann müssen Sie den Laden verlassen!«

Zwei Wochen vorher gab mir ein Freund den Ratschlag, vom immer klug schreibenden Stefan Zweig das 1936 erschienene Buch *Ein Gewissen gegen die Gewalt. Castellio gegen Calvin* zu lesen, um zu verstehen, was auf uns in der Coronakrise zukommen wird. Kurz gesagt geht es Zweig darum zu zeigen, wie Menschen in diktatorischen Verhältnissen in kurzer Zeit beginnen, sich mit dem Terror (der auch im calvinistisch werdenden Genf ganz »sanft« beginnt) zu arrangieren, sich auf die herrschende Ideologie und ihre Rituale einzulassen und abweichende Mitmenschen zu denunzieren, bis am Schluss alle (mund-)tot gemacht sind, die sich Calvin nicht beugen wollen. In Gesellschaften, in denen der Ausnahmezustand herrscht, geht es darum, den Menschen nicht einen Willen aufzuzwingen, sondern sie dazu zu bewegen, das Gesollte aus sich heraus zu wollen. Ein zweites lehrt Zweigs Buch: Den Ausnahmezustand zu beschließen, bedarf es nur wenig; ihn zu beenden, stellt ein gesellschaftliches Problem dar.

Überwachung statt Freiheit

In den 1960er Jahren gab es – unter Kanzler Ludwig Erhard – das Konzept einer »formierten Gesellschaft«, von dem CDU/CSU seitdem, ohne es explizit zu erwähnen, nicht mehr abgelassen haben. Erhard und

seinen – meist in der NS-Zeit politisierten – Parteigängern ging es »um die Bindung an das Gemeinwohl, um die Überwindung der zerstörerischen Kräfte das Pluralismus weltanschaulicher und verbandsorganisatorischer Prägung« (vgl. Opitz 1999, 51ff.). Gemeint waren Arbeiterparteien und Gewerkschaften, nicht die Kapitalverbände, die sich der neuen Volksgemeinschaftsideologie unterordnen sollten, damit die Regierung außenpolitisch »freie Hand« hat. Heute: In kurzer Zeit haben die konservativen Kräfte (mit Unterstützung der GRÜNEN; in Bayern mit Hilfe der Freien Wähler und der AfD) in der Corona-»Krise« unzählige Grundrechte per Ermächtigungsgesetz außer Kraft gesetzt, das den Innen- und Gesundheitsministern Eingriffe in das Recht auf Freizügigkeit, das Versammlungsrecht und andere Grundrechte erlaubt. Die Exekutive (Polizei) überschritt nicht selten den Auslegungsrahmen: In Oberbayern durfte man im See schwimmen, traf dann aber auf Ordnungskräfte, die am Ufer darauf warteten, die Zeit zum Umziehen zu stoppen; der Landkreis Miesbach wies mit Polizeiaufgebot alle PKWs mit Münchener Kennzeichen zurück; Menschen, die in München mit gebührendem Abstand auf einer Parkbank in der Sonne lasen, wurden von der Polizei vertrieben usw. Der Münsteraner Professor für Öffentliches Recht, Oliver Lepsius, schreibt dazu in der FAZ: »Es wurde ohne Sinn und Verstand exekutiert, regelrecht mit einer Lust, Macht zu demonstrieren.«
Als Begleitmusik zu den exekutiven Maßnahmen hört man von Wirtschaftsminister Altmaier fast täg-

lich das Wort »Disziplin«, die nötig sei; dass wir Menschen verantwortlich und vernunftbegabt oder gar solidarisch mit anderen Menschen sein können und wollen, ist für diesen politischen Erfüllungsgehilfen neoliberaler Wirtschaft undenkbar.

Volksgesundheit statt Wohlbefinden

Täglich werde ich in den Medien mit Statistiken »bombardiert«, die nichts anderes zum Inhalt haben als die Folgen einer durch ein Virus erzeugten Pandemie. Die einzelnen Toten, Infizierten und Genesenen werden in regionale, bundesländerbezogene und nationale Logiken eingeteilt, sodass sich die mecklenburg-vorpommersche Bevölkerung gesünder »fühlen« kann als die Menschen in deutschen Großstädten. WIR Deutsche haben – das sehe man doch – das beste Gesundheitssystem, weil bei uns so wenige sterben! Die Italiener müssen einen Fehler gemacht haben! Sebastian Kurz hat mit seiner Strategie recht gehabt, weil usw., höre ich die Leute reden. Über die Hintertür wird das Konstrukt der Volksgesundheit, das nach der Nazizeit kaum mehr benutzt wurde, eingeführt. Doch nicht nur das: Auch die weltweit anerkannte WHO-Definition und ihre impliziten Aussagen über den Zusammenhang von Wohlbefinden und Arbeits- sowie Lebenswelt spielen plötzlich keine Rolle mehr. Selbst in der »Krise« gilt: Die Anzahl der von Männern geschlagenen Frauen und Kinder (und damit die mangelnde Zahl von Frauenhäusern sowie die steigende von Kinder- und Jugendhilfefällen), die Anzahl der Pflegekräfte, die kurz vor dem Burn-out stehen (und damit die Frage nach der stattgehabten Ökonomisierung von Gesundheitsdienstleistungen), die psychisch desolaten Eltern von Kindern, die in engen Wohnungen digital »beschult« werden sollen, während für Mutter und/oder Vater Home-Office angesagt ist – zu all diesen Themen fällt den Herrschenden nichts ein. Bildungsministerin Karliczek, selten die Hellste, erwägt zur Abhilfe einzig, auch samstags Kinder in die Schulen zu schicken, wenn es denn wieder möglich sei. Dass es den Regierenden in Berlin völlig egal ist, ob Menschen leben oder sterben, zeigen die Ende März von CDU/CSU und SPD beschlossenen Rüstungsexportmaßnahmen: ein Kampfflugzeug für Pakistan, vier Kriegsschiffe an Israel, ein U-Boot an Ägypten, 72 Raketen an die Philippinen und Munition an Katar. Durchweg Waffenlieferungen an Diktaturen oder in Krisengebiete mit einzig der Funktion, Menschenleben zu vernichten.

Corona ermöglicht die »formierte Gesellschaft«: innenpolitische Restriktionen und Volks(gesundheits)gemeinschaft-Propaganda, um außen- und industriepolitische Ziele umzusetzen.

Einübung in Ungehorsam

Gesundheit und Freiheit sind weder absolute Werte noch persönliche Angelegenheiten, aber auch keine Dinge, die wir der staatlichen Regelung – und schon gar nicht privatwirtschaftlichen Institutionen – überlassen sollten. Wenn uns die Regierenden über Wochen einreden, Freiheitsgebrauch sei lebensgefährlich und unsolidarisch, so können wir heute feststellen: Gerade der vernünftige Gebrauch unserer Freiheitsrechte macht uns zu »Bürgern« und kann aus dem Klima einer Denunziations- und Kriminalisierungspraxis eine des Dialogs, der Verständigung – und im Notfall – des zivilen Ungehorsams gegen Übergriffe der Exekutive und der Verwaltungen machen.

An den Besitzer des Bioladens habe ich einen Brief geschrieben: »Ich benötige keine Oberlehrer, die mir sagen, wie ich mich verhalten muss, um anderen Menschen den für sie notwendigen Schutz durch einen Mindestabstand zukommen zu lassen. Vielleicht sollten Sie bedenken, dass mit Einkaufswagen hantierende Menschen den Bewegungsspielraum zum Abstandhalten sehr viel eher einschränken als das freie Bewegen im Raum. Fasziniert bin ich allerdings, wie im Handumdrehen aus einer angebotenen ›Hilfe‹ zum Abstandhalten eine ›Pflicht‹ inklusive Hausverbot werden konnte. Vielleicht hilft Ihnen folgende Information, um das Arrangement zu ändern: Als im März 1933 das Konzentrationslager Dachau seine Pforten für Staatsfeinde (Kommunisten, Sozialdemokraten etc.) öffnete und dies in allen Presseorganen des Deutschen Reichs verkündet wurde, konnte sich die Gestapo kaum retten, was die Anzahl der Denunziationen betraf – hätte sie jeden Fall verfolgt, wären zehn KZs nötig gewesen. Solcherart Denunziations- und Verdachtskultur wird immer im alltäglichen Denken und Handeln schon vor Beginn des Ausnahmezustands eingeübt.«

Nachtrag

Nach Erscheinen des Artikels in der Zeitschrift der bayerischen *Gewerkschaft Erziehung & Wissenschaft* (GEW) hagelte es unflätige E-Mails und empörte Leser_innenbriefe: Ein Vergleich mit Dachau sei nicht statthaft, wo kämen wir denn da hin; und was sich da ein herablassender »Professor« gegenüber einer einfachen Verkaufskraft im Bioladen herausnehme, das sei unverschämt; ein solcher Artikel habe in einer Gewerkschaftszeitung nichts verloren usw. Auch in einer fortschrittlichen Gewerkschaft wird sofort nach Verbot gerufen, wenn jemand nicht seine Meinung bestätigt sieht – als sei eine Gewerkschaftszeitung die *Prawda*. Gleichzeitig wird das die Trennung von Arbeit, Wissenschaft und Leben stabilisierende Vorurteil vom weltabgewandten, hochmütigen Professor genutzt, um sich der eigenen (schein-)demokratischen Gesinnung zu versichern. Man kann es nicht oft genug sagen und schreiben: Nur ein Vergleich zeigt, dass Dinge nicht gleich sind. Das gilt im Alltag und das gilt für alle Ereignisse und Situationen in der Historie: Ein Vergleich mit dem Holocaust muss möglich sein, um seine Einzigartigkeit zu belegen. Ein Vergleichsverbot jedoch ist nichts anderes als die autoritäre Geste von Menschen, die andere am Nachdenken hindern wollen.

Am gefährlichsten sind die Ungefährlichen – Bayerisches Polizeiaufgabengesetz

Polizeiaufgabengesetz

Vom Herbst 2017 bis zum Sommer 2018 demonstrieren in ganz Bayern Zehntausende gegen das neue bayerische Polizeiaufgabengesetz (PAG), um die Dimensionen der inneren Aufrüstung und Befugniserweiterung für die bayerische Polizei deutlich zu machen. Die *Süddeutsche Zeitung* berichtet, worum es geht: »Es geht um Personen, die keine Straftat begangen haben, aber im Verdacht stehen, dies zu tun. Wie sogenannte Gefährder. ... Theoretisch können Betroffene jahrelang im Gefängnis sitzen, ohne ein Urteil. Das neue Gesetz ... betrifft jeden Bürger. ... Für eine drohende Gefahr muss die Begehung einer Straftat nicht mehr konkret erkennbar sein. Es reicht aus, wenn die konkrete Wahrscheinlichkeit begründet ist, dass in überschaubarer Zukunft eine Straftat begangen wird« (SZ 19.7.2017). Im Amtsjargon wird dieser neue Tatbestand der Gesinnungsüberprüfung, durch den ein polizeilicher Zugriff erfolgen darf, »präventivpolizeiliches Befugnisinstrumentarium« genannt.

Gesinnung und Gefährdung

Durch die polizeiliche (d. h. staatliche) Unterstellung, jemand plane eine Straftat, die ein wertvolles »Rechtsgut« schädige, wird Leuten eine Gesinnung angedichtet, derentwegen sie festgenommen und weggesperrt werden können. Als bayerischer Staatsbeamter bin ich selbstverständlich über jeden Verdacht erhaben, ich könnte eine Straftat begehen. Und doch bin ich mir nicht sicher, ob der Innenminister in Bayern – der nachweislich auf dem rechten Auge blind ist – einen linken Professor nicht gerne als Staatsfeind sehen würde. Seinem Vorbild Franz-Josef Strauß hätte mein Einsatz für Demokratie und Menschenrechte genügt, um mich als »Ratte und Schmeißfliege« zu bezeichnen. Wusste er doch, wie er dem *Deutschen Allgemeinen Sonntagsblatt* im Januar 1978 mitteilte, dass eine Demokratie, »wenn sie weit genug fortgeschritten ist, im kommunistischen Zwangsstaat endet«. Meine demokratische Grundhaltung ermöglicht also den Anfangsverdacht kommunistischer Gesinnung. Verunsichert suche ich in den einschlägigen Medien, die mir zur Verfügung stehen, nach den Gefahren, die mir drohen könnten: In Wikipedia ist unter dem Stichwort Gesinnungsstrafrecht deutlich gemacht, dass der NS-Staat »Gesetzgebung und Rechtsprechung ... maßgeblich auf die missliebige Gesinnung des Täters abgestellt und daran unverhältnismäßig harte Strafen geknüpft hat. Menschen wurden wegen ihrer politischen Gesinnung (Kommunisten, Sozialdemokraten, Gewerkschafter, Künstler etc.) oder ihrer Religion bestraft« (Wikipedia: Gesinnungsstrafrecht, Zugriff 1.8.2019). In einer seiner ersten Schriften, »Bemerkungen über die preußische Zensurinstruktion«, hat Karl Marx dieses Gesinnungsstrafrecht in seiner Logik entlarvt: »Gesetze, die nicht die Handlung als solche, sondern die Gesinnung des Handelnden zu ihrem Hauptkriterium machen, sind nichts als positive Sanktionen der Gesetzlosigkeit. ... Meine Existenz ist verdächtig, mein innerstes Wesen, meine Individualität wird als schlechte betrachtet, und für diese Meinung werde ich bestraft. Das Gesetz straft mich nicht für das Unrecht, was ich tue, sondern für das Unrecht, was ich nicht tue« (Marx 1843/1983, 14). Marx und Wikipedia können nicht irren. Als Erzdemokrat, der nichts anderes im Kopf hat als die weitestgehende Verfügung von uns Menschen über unser Leben, der aber gleichzeitig für seine Ziele keinem Menschen ein Haar krümmen will, stehe ich auf der Abschussliste jedes potenziellen Innenministers, der wiederum eher in der deutschen Tätertradition steht: Gerade derjenige Mensch, der kein Unrecht begeht, ist ein potenzieller »Täter« und »Gefährder« – ansonsten wäre er ja bereits als »konkreter Täter« erfasst.

Ein Märchen?

Verwirrt nehme ich ein »unpolitisches Buch« aus dem Regal, das ich schon seit langem lesen will und das vom Titel her etwas Märchenhaftes verspricht und damit meine Angst vor einem neuen Zwangsregime verdrängen soll: Zwanzig Jahre vor Marx' Aufsatz zur politischen Gesinnung – die preußischen und österreichischen repressiven Regime (Polizeiminister Hoffmann und Kanzler Metternich) stabilisierten sich nach dem Wiener Kongress – schrieb E.T.A. Hoffmann, Jurist, Musiker und Schriftsteller, sein letztes Werk: *Meister Floh*. Die Geschichte geht so: Der Protagonist des Märchens, Peregrinus Tyß, wird der Entführung einer Prinzessin angeklagt. Auf Tyß' Einwand, er könne nicht der Täter sein, denn eine Entführung habe nicht stattgefunden, erwidert Hofrat Knarrpanti, der den Berliner Polizeidirektor Kamptz darstellen soll, dass gar keine Tat begangen werden müsse, wenn man einen Täter verurteilen wolle: »Sei erst der Verbrecher ausgemittelt, sich das begangene Verbrechen von selbst finde« (Hoffmann 1822/1970, 84). Verbrecher seien daran zu erkennen, dass sie denken würden: »Das Denken ... sei an und vor sich selbst schon eine gefährliche Operation und würde bei gefährlichen Menschen eben desto gefährlicher« (ebd., 106). Doch noch gefährlicher als Denken und Schreiben sei dasjenige, was die Verbrecher nicht dächten, nicht aussprächen und nicht täten. In Knarrpantis Worten: »Ob er [Tyß] nicht selbst einsehe, dass all die geheimnisvollen Stellen in seinen Papieren mit Recht den Verdacht erweckten, daß das, was er niederzuschreiben unterlassen, noch viel Verdächtigeres, ja ein vollkommenes Zugeständnis der Tat hätte enthalten können?« (Ebd.) Das Märchen Hoffmanns bringt das, was ich in meiner Naivität verdrängen und verleugnen wollte, auf den Punkt: Im Gesinnungsstrafrecht geht es darum, jemandem eine Gesinnung zu unterstellen, ohne konkret zu benennen, was er/sie genau getan oder gedacht haben sollte, um darzulegen, wieso das

Gedachte, Gesagte oder Geschriebene eine Gefahr für das Gemeinwesen oder die staatliche Ordnung sein soll. Und gerade, wenn einer nicht spricht oder das herrschaftlich Erwünschte von sich gibt, macht er sich noch verdächtiger als ein »realer Täter«.

Doch *Meister Floh* ist ein Märchen, dachte ich. Leider war auch dieses Gedachte ein Fehler. Kurz nach der amüsanten Lektüre fand ich einen Beitrag der Oberregierungsrätin Birgit Müller aus dem Innenministerium. Sie fasst das »Unfassbare« an den »Gefährder_innen« in eine Lakaiensprache, deren verwaltungslogischer Inhalt auch nach mehrmaligem Lesen schwer zu erschließen ist: »Das Gesetz selbst zählt keine Vorbereitungshandlungen oder individuelles Verhalten auf. Das gebietet die Natur einer abstrakten Norm und erhöht im Übrigen auch die Lesbarkeit und das Verständnis einer Norm« (2018, 112). Längeres Blättern in philosophischen Lehrbüchern zur Logik haben es mir ermöglicht, Müllers Ausführungen zu verstehen und erklären zu können. Sie meint: Eine abstrakte Norm darf man/frau nicht an konkreten Beispielen, welche die Menschen verstehen könnten, erläutern, weil die Menschen die Norm dann verstehen könnten. Da eine abstrakte Norm aber abstrakt bleiben muss, ist sie dann verstanden, wenn sie im Konkreten nicht verstanden wird. Was soll ich sagen? Birgit Müller ist die Knarrpantin der Jetztzeit – und sie wird es weit bringen. Bei ihrem Text handelt es sich – im Gegensatz zu Hoffmanns Erzählung – um keine Satire …

IV Zukunft – Die Welt für alle

wo die Gräser als Gräser wuchsen,
statt einen Rasen, oder sonstwas,
darzustellen

(Handke / Das zweite Schwert)

Jeden Tag und jede Stunde arbeiten, um die Welt menschlich einzurichten – eine Zukunftsaufgabe, die von uns erfordert, das für eine gerechte Welt Gewollte ins Heute »einzubringen«. Dazu gehört allerdings zu träumen, zu lernen und zu lieben – und sich nicht einreden zu lassen, dass eine postmodern und technisch perfekte Welt solch romantisch klingenden Blödsinn nicht nötig habe. Was das Träumen betrifft, so soll es ein realistisches sein, denn – wie Bloch schreibt – »kein Traum darf stehenbleiben, das tut nicht gut« (1963, 1616). Sein »Traum nach vorwärts« trägt in sich das Material der Vergangenheit, das in eine gerechte, menschliche Zukunft weist.

So sind in diesem letzten, einer zukünftigen Welt zugedachten Kapitel Themen angerissen, die »alt« erscheinen: Die Weihnachtsgeschichte wird aus dem verblödenden und schon die Kinder demütig machenden Kirchengeschwätz herausgeholt und als Erzählung einer messianischen Hoffnung wiedergegeben; den sterilen Ausführungen vieler Marxist_innen wird Marxens Liebe zu den Menschen und zur Welt entgegengehalten; das funktionale und auf Erfolg in der neoliberalen Gesellschaft getrimmte »Bildung für alle« wird durch ein Nachdenken über kollektives und die Grenzen (hoch-)schulischer Zurichtung überschreitendes Lernen kontrastiert; und zuletzt soll der neu-alten, nach hinten gerichteten deutschen Heimattümelei literarisch-kluges Material im Sinne Uwe Timms vorgesetzt werden: »Literatur ist der ou tópos, der Nicht-Ort. Die Utopie ist der unwirkliche Ort. Und dieser Nicht-Ort hat eine Kraft, die aus dem Nichts kommt« (2020, 155).

*L*ebensgeschichtliches, die *L*iebe, das *L*ernen und *L*iteratur[27]: aus ihnen wird Stoff zum Bauen der neuen Welt gewonnen; einer Welt, von der wir nicht wissen können, wie sie sein wird – doch wir wissen, dass sie nötiger ist denn je.

---

27 Nicht ohne Sinn beginnen die Zukunftsthemen mit einem L. Das hebräische lamed (ל) ist der einzige hebräische Buchstabe, der über die oberen Zeilen hinausragt und damit die »normalen« Grenzen einer Ordnung überschreitet, die uns im Denken, Fühlen und Handeln gesetzt sind.

Bayern anders: Das Kripperl und die Revolution

Weihnachtsgeschichte

Jedes Jahr zu Weihnachten musste ein männliches Mitglied der Familie die »Weihnachtsgeschichte« zum Besten geben. Die Familienbibel, dick und schwer, war schon bereitgelegt, um aus dem Lukasevangelium die entscheidenden Abschnitte vorlesen zu können: »In jenen Tagen erließ Kaiser Augustus den Befehl, alle Bewohner des Reiches in Steuerlisten einzutragen. Dies geschah zum ersten Mal: damals war Quirinius Statthalter von Syrien. Da ging jeder in seiner Stadt, um sich eintragen zu lassen. So zog auch Josef von der Stadt Nazaret in Galiläa hinaus nach Judäa in die Stadt Davids, die Betlehem heißt ... Als sie dort waren, kam für Maria die Zeit ihrer Niederkunft und sie gebar ihren Sohn, den Erstgeborenen. Sie wickelte ihn in Windeln und legte ihn in eine Krippe, weil in der Herberge kein Platz für sie war« (Lukas 2,1 – 2,7).

Die Krippe als Bezeichnung für einen hölzernen Futtertrog ist hervorgegangen aus der vormaligen Bezeichnung eines »Flechtwerks« als Krippe. So ist es nicht verwunderlich, dass das mittelhochdeutsche krébe (Korb), das ebenfalls ein Flechtwerk bezeichnet, mit Krippe verwandt ist. Weil beim Flechten die dünnen, aber biegbaren Äste gut gewunden werden können und die Form des gewundenen Flechtwerks den Muskelfasern entspricht, wenn sie zusammengezogen werden – haben das mittelhochdeutsche krébe und das germanische gereph bzw. gereb, das ebendiese Muskeln und ihre Kraft bezeichnen soll, einen gemeinsamen Stamm (vgl. Kluge 1975, 406). So kommt etymologisch zusammen, was kirchengeschichtlich zweitausend Jahre lang zu trennen versucht wurde: die Kraft, die in der Geburt und im Leben des Zimmermann-Kindes lag, das seine Kraft vor allem der Tatsache zu verdanken hatte, dass es außer den römischen Fesseln nichts zu verlieren hatte – war es doch am ärmsten Ort der Armen geboren: in einer den Tieren enteigneten Futterkrippe inmitten eines fremden Stalls. Steht die Weihnachtskrippe heute für das niedliche Idyll einer romantischen Ärmlichkeit (nicht selten in einer schneebedeckten bayerisch anmutenden Landschaft), der sich viele Menschen aus Überdruss am Überfluss sehnsüchtig zuwenden, so stand sie biblisch und steht sie in einer befreienden Theologie für einen Ort, von dem aus der zwischen Arm und Reich bestehende Riss deutlich und klar sichtbar wird.

Armut

Arme zeigen, dass der Reichtum falsch verteilt ist; also wird auf Arme – noch nicht, aber vielleicht bald – geschossen werden. Allerdings nur, wenn sich die Armen – wie in Bolivien oder den Philippinen – zusammenschließen und gegen die herrschende (seitens der BRD wie immer anerkannte) Diktatur auflehnen. Es war schon vor Marx eine Erkenntnis der ökonomischen Wissenschaften, dass gesellschaftlicher Reichtum durch Arbeit geschaffen wird, »und bald auch gesehen, dass der Reichtum der bürgerlichen Gesellschaft die Armut zur Grundlage hat« (Tjaden-Steinhauer 1994, 608). Weil die herrschende (reiche) Schicht die Armen benutzt und benötigt, um reich zu bleiben, werden die sichtbaren Armen zu Un- und Untermenschen erklärt; »Bewaffnung« gegen sie ist heutzutage vor allem eine ideologische: »Die Bewaffnungen gegen die Armut sind die Bewaffnung gegen den Menschen, wie er wirklich ist, gegen den Menschen, der nichts hat, erst recht gegen den Menschen, der nichts haben will, allerdings, mit allen zusammen, sich selbst« (Geissler 1996, 58). Ab und zu kommt den Herrschenden die widersprüchliche Seite der jüdisch-christlichen Lehre in die Quere, so z. B., wenn sie mit der besonderes Lobpreisung der Armen durch Gott selbst konfrontiert werden (in Psalm 113): »Der in der Höhe seinen Sitz hat, der in die Tiefe sieht – im Himmel und auf der Erde, aus dem Staub aufrichtet den Geringen, aus dem Dreck erhebt den Armen« (Ps 113,5–7).

Die Moral der Menschengeschichte ist keineswegs: Gott ist alles, die Menschen sind nichts. Vielmehr kämpft dieser Gott an der Seite derer im Dreck – die damals die Juden waren – und bezieht sie in den Kampf gegen die anderen Götter und ihre irdischen Vertreter mit ein. Der Gott, den 2000 Jahre Christentum aus dem alten jüdischen Gott Jesu machten, preist die Armut der Menschen als Zustand, der besonders qualifiziere für die Aufnahme ins Himmelreich, das zu einem Jenseits geworden ist – wiewohl der Sohn Gottes es klar und deutlich im Diesseits verorten wollte.

Die Krippe, in der Jesus geboren sein soll, steht als Symbol gegen die gemachten Betten der Herrschenden, in die sich die Pharisäer legten und die Jesus hasste. Die Krippe steht dafür, dass Solidarität und gemeinsamer Kampf der Armen und Schwachen gegen die Reichen angesagt sind und nicht Untertanengeist und Demut. Das Weihnachtsfest sollte – so der Sozialist Kurt Eisner – »eine Weltwende ungeheuerster Kraft sein. Es ist der Beginn einer neuen Zeitordnung. Der Heiland wächst empor aus Niedrigkeit, Not, Verfolgung. Seine arme Wiege [– das Kripperl –] steht mitten im Blutmeer des bethlehemitischen Kindermords« (Eisner 1919, 346). Heute steht das Kripperl für die »sentimentale und idyllische Verzwergung des Weihnachtsfestes« (ebd.) unter dem Motto: »Jesus von Nazareth macht die Geschäftsherrn fett« (Timm 1978, 119).

Widerstand und Gewalt

Die Figur Jesu ist – sowohl im biblischen Kontext als auch in der theologischen und philosophischen Auslegung – voller Widersprüche: Auflehnung gegen die römischen Unterdrücker, Widerstand gegen die, die den Ort der Ruhe und Freiheit, die Synagoge, zum Marktplatz machen, und gleichzeitig die passive Hinnahme seiner Verurteilung als gottgemachtes Schicksal. Zentral bleiben jedoch seine – den Widerstand gegen die Römer – stärkenden Worte in der Bergpredigt: »Ihr seid das Salz der Erde. Wenn das Salz seinen Geschmack verliert, womit kann man es wieder salzig machen? Es taugt zu nichts mehr; es wird weggeworfen und von den Leuten zertreten« (Matthäus 5,13). Ein Aufruf zur Selbstbestimmung, zur Klarheit darüber, dass jeder verdreckte und verlauste Jude, der in ärmlichen Verhältnissen unter der Last der Steuerabgaben stöhnt, versteht, dass es die »kleinen Leute« sind, welche die Herren am Leben erhalten, weil sie diese finanzieren. Aus diesem aufrührerischen Volk macht Joseph Ratzinger in seiner Jesus-Trilogie eins, das »sich selbst von Gott her, zuletzt vom leibhaftigen Christus her, empfängt und sich von ihm ordnen, führen und leiten lässt« (2007, 20). Das hätten sie gerne, die machtlos gewordenen Herren des leeren Amtschristentums, das keine_r von uns menschliche Zukunft als Zukunft aller Menschen in Freiheit denken kann, sondern als eine, in der wir wie Schafe einem Führer hinterherlaufen und uns führen lassen. Ernst Bloch setzt diesem Jesusbild entgegen: »Es gibt geborene Lämmer. Diese ducken sich leicht und gern. Das liegt in ihrer Art, zu ihnen hat Jesus nicht gepredigt, gewaltig, wie es in der Schrift heißt« (Bloch 1970, 170). Selbst die Bergpredigt mit ihrer Seligpreisung der Sanftmütigen, der Friedfertigen, ist bezogen »auf das Ende der Tage ..., das Jesus nahe herangekommen glaubte ...; daher der sofortige, chiliastisch unmittelbare Bezug auf das Himmelreich. Für den Kampf jedoch, für die Herbeiführung des Reichs steht das Wort: ›Ich bin nicht gekommen, Frieden zu senden, sondern das Schwert‹ (Matthäus 10,34)« (ebd.). Und für den Kampf war die Parole Jesu »Ich bin gekommen, ein Feuer anzuzünden auf Erden; was wollte ich lieber als es brennte schon« (Lukas 12,49). Das waren Worte gegen die Römer geschleudert und gegen die jüdischen Herrscher, die sich mit den Römern arrangiert hatten; und das Feuer sollte nicht nur den Tempel und die Seelen reinigen, sondern alles niederbrennen, was das Römische Reich über Jahrhunderte in Palästina angerichtet hat – damit das neue Reich baldmöglichst gebaut werden könne.

Unser Reich komme und zwar sofort

Weil die Römer die Gefahr erkannten, die von dem mutigen und kämpferischen Juden mit seinen Freunden ausging, weil er die Feinde der Mühseligen und Beladenen aufs Korn nahm – allen voran die Reichen, die so wenig ins Himmelreich kommen wie das Kamel durchs Nadelöhr –, weil er den gedemütigten und verelendeten Juden Palästinas Mut machte, sich gegen die Fremdherrschaft zu wehren – nagelten sie diesen Jesus ans Kreuz: »Die Römer wollten ein Exempel statuieren: Ein aufsässiger Sklave hat keine Chance, seht, wie er da hängt, er wollte Befreiung aus der Sklaverei, vergesst es, ihr, die ihr da zuschaut. Wer sich gegen sein Schicksal auflehnt, endet am Kreuz«

(Boer 2009, 343). Jesus als Projektionsfläche für unterschiedlichste politische Anliegen ist – wie alles in dieser Welt – umkämpft. So ist es kein Wunder, dass der ehemalige Papst Joseph Ratzinger den Tod Jesu am Kreuz – losgelöst von jeder irdischen oder gar gesellschaftlichen Bezugnahme – als Liebessieg interpretiert: »Aber zugleich ist sein Leiden messianische Passion – ein Leiden der Gemeinschaft mit uns, für uns; ein Mitsein, das aus der Liebe kommt und so schon die Erlösung, den Sieg der Liebe in sich trägt« (2011, 239). In geradezu ekelhafter Weise wird die hochmütige Schmähung des Sterbenden durch einen römischen Soldaten – er durchbohrt mit einer Lanze die Rippen der linken[28] Seite – von Ratzinger mythisch umgedeutet in die Opferung eines Pascha-Lamms, »das rein und vollkommen ist« (ebd., 248). Blut und Wasser, die aus Jesu Seite fließen, seien gar »der neue Strom, der die Kirche schafft und die Menschen erneuert« (ebd.). Damit auch die Frauen den ihnen gebührenden Platz im Kirchengefüge finden können, entwendet Ratzinger den Juden die Schöpfungsgeschichte und baut sie in das Todesgeschehen Jesu ein: »Bei der geöffneten Seite des ... Herrn haben die Väter aber auch an die Erschaffung Evas

---

28 Ratzinger schreibt von der »rechten Seite – das Herz – Jesu« (2011, 248). Die Unfähigkeit, den eigenen Körper mitsamt dem Herzen auf der linken Seite zu verorten, zeigt nichts weiter als die priesterlich-katholische Unmöglichkeit, sich seiner selbst und seines Körpers liebevoll anzunehmen, wozu auch das Erforschen von unten bis oben gehören würde.

aus der Seite des schlafenden Adam gedacht und so ... zugleich den Ursprung der Kirche gesehen: die Erschaffung der neuen Frau aus der Seite des neuen Adam« (ebd., 250). Aus der geöffneten Brust Jesu fließen Blut und Wasser – und »die Väter« erkennen darin nichts anderes als eine »neue Frau«: Vor solchen Vätern müssen wir uns hüten – Frauen, Männer und insbesondere Kinder ...

Das Christkind: Von Eisner in sein Recht gesetzt
Kurt Eisner schrieb und lebte für eine gerechte Welt und eine sozialistische Gesellschaft – was zwei Begriffe für dasselbe sind. Zum Weihnachtsfest schrieb er immer wieder kleine Geschichten, um die Amtskirche in Bezug auf ihre »Menschenliebe« (Segnung von Waffen, Ablehnung menschlicher Gleichheitsideen, Frauenverachtung etc.) zu entlarven. Im Winter 1915 – der Krieg dauerte schon zu lange – schickte er in der Erzählung *Die Angst der Toten* das »Christkind« auf die Erde, um »die artigen Kinder« zu bescheren. Doch »woher soll das Christkind das so sicher wissen« (1919a, 131), wer sich im letzten Jahr gerecht und gütig verhielt und wer nicht? In Deutschland angekommen, meinen die Deutschen, sie seien »mehr wie artig, sie seien groß« (ebd.) gewesen: »Wir haben alle Feinde, die uns überfielen, mit gewaltiger Faust zurückgeworfen«, erläuterten sie. Weil das Christkind das Wort »Feinde« nicht kannte, flog es weiter nach England. Die Engländer

schimpften auf die Deutschen, diese hätten den Krieg begonnen und seien die »reinen Barbaren« (ebd., 134). Sie hingegen seien »die mächtigen Schützer der Kleinen und Schwachen« (ebd.) und ihnen gebührten die Geschenke. Sie nahmen sie dem Christkind weg, das nach Frankreich, Belgien, Österreich, Serbien und Russland flog und überall hören musste, »dass die anderen Mörder, Verräter, Rechtsbrecher, Bestien seien, sie selbst aber wunderbare Helden der Freiheit, Gerechtigkeit, Menschlichkeit« (ebd., 135). Überall wurde es beschossen, sodass die Flügel arg ramponiert waren. »So kam das Christkind schwimmend zu den Menschen in Amerika, die sich Neutrale nannten« (ebd.). Dort stritten jedoch die Menschen untereinander, sodass es ganz verzweifelt beschloss, ins Reich der Toten zu wandern: »Und es war ein Glück und eine Heiterkeit unter ihnen, wie es das Christkind niemals noch bei lebenden Menschen gefunden« (ebd., 137) hatte. Obwohl die toten Körper teilweise ohne Glieder, zerschossen und zerrissen vom Krieg waren, zeigten sie ihm ihre Sanftmut und Wärme. So verkündete es: »Ich schenke euch das Beste, was ich zu geben habe: Das Leben. Das Leben freudiger, gesunder, friedlicher, gütiger und schaffender Menschen« (ebd.). Diese waren entsetzt und flehten: »Nimm uns lieber alles, aber nur eins schenke uns nicht: das Leben!« Naiv, wie es war, fragte das Christkind, wo das Problem liege. »Einer von den Schatten trat hervor und sagte in zitternder Furcht: Wir würden dann wieder einander Feind sein« (ebd.).

Marx und die Liebe zu den Menschen

Wenn man auch sonst nichts weiß über Karl Marx, so weiß man doch, dass er sich vor allem mit dem ökonomischen System, der kapitalistischen Produktionsweise, beschäftigt hat. Und man findet tatsächlich im *Kapital*, seinem Hauptwerk, kein einziges Mal das Wort Liebe (außer bei der Erwähnung von Schillers Drama *Kabale und Liebe*). Doch was sonst als die Liebe zu den Menschen liegt seinem ganzen Lebenswerk zugrunde. Was sonst, wenn nicht ein Denken, Fühlen und Handeln, das ungerechte Verhältnisse nicht ertragen kann, »in denen der Mensch ein erniedrigtes, ein geknechtetes, ein verlassenes, ein verächtliches Wesen ist«, wie es in der »Kritik der Hegelschen Rechtsphilosophie« (Marx 1844/1983, 385) heißt. Einen Satz vor dem gerade zitierten geht es um die »Sache Mensch«, die im Mittelpunkt des marxschen Denkens steht: »Radikal sein ist die Sache an der Wurzel fassen. Die Wurzel für den Menschen ist aber der Mensch selbst« (ebd.).

Wenn heute Politiker_innen Radikalität verdammen und das Mittelmaß beschwören, sollten wir ihnen diesen Satz von Marx entgegenhalten. Doch um ihn in Gänze zu verstehen, müssen wir seine Bedeutungen »einfangen«: Das, warum wir für eine gerechte Welt und gegen Ausbeutung, Hunger und Folter arbeiten, ist der Mensch selbst. Den Hintergrund für die marxsche Formulierung bildet eine Entfremdungstheorie, die er am besten nachvollziehbar in den sogenannten *Pariser Manuskripten* aus dem Jahr 1844 niedergelegt hat. Marx zeigt darin auf, wie sehr in kapitalistischen Verhältnissen jede_r Einzelne von uns durch äußere Zwänge bestimmt ist. Erstens durch die Fremdbestimmung in der Lohnarbeit: »Der Arbeiter fühlt sich daher erst außerhalb der Arbeit bei sich und in der Arbeit außer sich. Zu Hause ist er, wenn er nicht arbeitet, und wenn er arbeitet, ist er nicht zu Hause« (Marx 1844/1990, 514). Zweitens besteht der Entfremdungscharakter für Marx darin, dass Arbeit für uns kein wichtiges Lebensbedürfnis ist, sondern in der Form der Lohnarbeit etwas, was wir tun müssen, um zu (über)leben. Des Menschen »Arbeit ... ist nicht die Befriedigung eines Bedürfnisses, sondern sie ist nur ein Mittel, um Bedürfnisse außer ihr zu befriedigen« (ebd.). Die dritte Entfremdungsdimension besteht nun darin, dass die Dinge, mit und bei denen der Mensch tätig ist, »nicht sein eigen, sondern eines andern [sind], dass sie [die Arbeit] ihm nicht gehört, daß er in ihr nicht sich selbst, sondern einem anderen angehört« (ebd.). Zusammengefasst in aller Radikalität heißt das, dass unsere Handlungen und Tätigkeiten des Broterwerbs keinesfalls »Selbsttätigkeiten« sind, sondern fremdbestimmte Handlungen: »Die Tätigkeit gehört einem andren, sie ist der Verlust [des Menschen] selbst« (ebd.).

Weil diese Entfremdungserfahrung der Menschen total ist – sie entfremdet uns von der Natur, von uns selbst, von unseren körperlichen Bedürfnissen und zuletzt von den anderen Menschen –, sind die Möglichkeiten zu »menschlichem« Arbeiten, Leben und Lieben äußerst eingeschränkt. An diesem Punkt kommt die Liebe ins Spiel: Wenn Selbst- und Fremdliebe in einem wechselseitigen Verhältnis stehen, so wird beim Lesen (und Verstehen) der marxschen Ausführungen klar, dass wir auch in der Liebe (die für Marx eine »Produktion«, ein gemeinsames »Herstellen« ist) weder zu uns noch zum anderen noch zur Welt finden; zumindest in einer Gesellschaft, in der wir tagtäglich uns verkaufen müssen für einen Zweck, den wir entweder nicht verstehen oder nicht billigen. Weil aber die Liebe zu uns, zu den anderen und zur Welt in einer unliebsamen Gesellschaft kaum verwirklichbar ist, wird sie – idealistisch oder romantisch – verklärt bzw. in die Form körperlicher Lust und Sexualität verschoben. Marx sieht Liebe weder als etwas nur Sexuelles noch als etwas rein Platonisches: Sollten – in einer sozialistischen Gesellschaft – unsere menschlichen Fähigkeiten und Bedürfnisse jenseits der profitorientierten Produktion zum Zuge kommen, können Liebe und Menschlichkeit erst entwickelt werden. Wenn Karl Marx vorgeworfen wird, seine Schriften und Pamphlete seien hasserfüllt und voller Verachtung und Gnadenlosigkeit, so ist dem hinzuzufügen, dass dieser Vorwurf stimmt in Bezug auf gesellschaftliche Verhältnisse, welche uns das Menschsein verunmöglichen. Dem Zorn auf diese Verhältnisse liegt Marx' Wunsch zugrunde, unser aller Leben möge »menschlich« sein. Wilhelm Liebknecht, Karls väterlicher Freund, drückte an Marxens Grab den Gedanken so aus: »Sein Hass war der Liebe entsprungen.«

Einer derjenigen, die Marx' Gedanken zur Liebe produktiv aufgenommen haben, ist Bert Brecht. Der auf den ersten Blick absurde Gedanken, Liebe sei »eine Produktion«, wird von ihm in *Me-ti. Buch der Wendungen* erklärt: »Sie verändert den Liebenden und den Geliebten, ob in guter oder in schlechter Weise. ... Den Besten gelingt es, ihre Liebe völlig in Einklang mit anderen Produktionen zu bringen; dann wird ihre Freundlichkeit zu einer allgemeinen ... und sie unterstützen alles Produktive« (1967, 571/572). Wenn Brecht von den »Besten« schreibt und von deren »freundlichen Produktionen«, meint er nicht diejenigen, die Liebe als Leistungssport begreifen, sondern diejenigen, die wissen, wie gesellschaftliche Verhältnisse so zu verändern sind, dass die Liebe über eine Zweisamkeit hinausführt ins Gemeinwesen. Wenn die Liebe die privatisierte Humanität ist, so sind menschliche Verhältnisse eine Erweiterung unserer Liebesfähigkeiten. Doch Brecht weiß, dass es völlig unsinnig ist, »menschliche« Tugenden zu fordern, wo wir doch Menschen sind. Er verlangt vielmehr eine Gesellschaft, die menschlich eingerichtet ist, damit Humanität überflüssig wird. Das Gleiche gilt für die Liebe: In einer Gesellschaft, in der Neid, Habsucht, Konkurrenz und Ausbeutung nicht existieren, ist die »Produktion von Liebe« eine selbstverständliche Möglichkeit.

parship.de und *elitepartner.de* sind profitgetriebene Firmen, die uns versprechen, dass wir uns verlieben können, weil wir einander ähnlich sind. Wer sich auf das Feld dieser Partnervermittlungsfirmen begibt, folgt deren Logik, wie Menschen sich zusammenfinden. Ich gebe an, welche Hobbys, Freuden und Bedürfnisse ich habe – und der- oder diejenige, die »matcht« (also mit meinen »Dingen« zusammenpasst), soll mein zukünftiger Liebespartner werden können. Wie Alain Badiou in *Lob der Liebe* richtig bemerkt, stecken hinter diesen Verliebungs-Strategien soziale und politische Haltungen. Zum einen eine Vollkaskomentalität, die davon ausgeht, frau/man könne sich risikolos verlieben; zum anderen die »Entwichtigung« der Liebe: Ein Algorithmus kann und soll anstelle der »funkenden« Begegnung den Menschen auswählen, der zu mir passt. »Im Grunde sind das die beiden Feinde der Liebe: die Sicherheit des Versicherungsvertrags und der Komfort der begrenzten Genüsse« (2015, 18). Wie Sich-Verlieben und Liebe gerade damit zusammenhängen, dass der/die andere uns »fremd« ist und also unerkannt, zeigt sich in den Stellen der Bibel, an denen sich Mann und Frau lieben: »Sie erkannte ihn« heißt es dort, was darauf verweist, dass Liebe das Gegenteil des immer schon Bekannten, des Gleichen und damit Eingegrenzten ist. Der Schweizer Lyriker Klaus Merz fasst diesen Sachverhalt in ein kurzes Liebesgedicht: »Das Auseinanderhalten / hielt uns zusammen / ein Leben lang; bitte / bleib über Nacht« (2013, 59).

Zurück zu Karl Marx und zum Anfang seines Denkens. Weil für ihn der Mensch sich und die Wahrheit »in der Praxis ... beweisen« muss, wie es in den Feuerbachthesen heißt, und weil das »Aendern der Umstände u. der menschlichen Thätigkeit od. Selbstveränderung« (1845/1998, 20) zusammenfallen, ist die Liebe zu sich, zu anderen und zur Welt sowohl Voraussetzung als auch Ziel unserer Handlungen, die in eine gerechte, lebens- und liebenswerte Zukunft führen sollen. Insofern haben Marx und Brecht mit ihrem Produktionsbegriff in Bezug auf die Liebe recht. Sie ist als etwas »Herzustellendes« – als gesamtgesellschaftliche Haltung – in der täglichen Arbeit unter entfremdeten Verhältnissen gemeinsam mit anderen zu machen, ohne dass das Ziel in diesen Verhältnissen erreicht werden könnte. Doch einen »Vorschein einer besseren Welt«, wie Ernst Bloch es nennt, können wir im gewerkschaftlichen, politischen, sozialen und kulturellen Arbeiten erzeugen – auch wenn uns bei dieser Arbeit stets ein starker Gegenwind ins Gesicht bläst, hergestellt von denjenigen, die das warenförmige Glück dem allgemeinen Glück und der allgemeinen Liebe vorziehen.

Vom Fisch, der nicht weiß, was Wasser ist, oder: Über die »Dummheit« moderner Bildung[29]

Einblick

David Foster Wallace, ein bekannter US-Schriftsteller, der sich im Jahr 2008 mit 46 Jahren durch Erhängen am Strick das Leben nahm, hielt 2005 vor dem Abschlussjahrgang des Kenyon College eine Rede, die er folgendermaßen einleitete: »Schwimmen zwei junge Fische des Weges und treffen zufällig einen älteren Fisch, der in die Gegenrichtung unterwegs ist. Er nickt ihnen zu und sagt: ›Morgen, Jungs, wie ist das Wasser?‹ Die zwei jungen Fische schwimmen eine Weile weiter, und schließlich wirft der eine dem anderen einen Blick zu und sagt: ›Was zum Teufel ist Wasser?‹« (2019, 7)

Die Geschichte soll freundlich darauf hinweisen, dass wir (ältere Menschen wie ich im Verhältnis zu den Zuhörer_innen hier im Saale) in Bezug auf Alltags-, aber auch sonstiges Wissen einen gewissen Vorsprung haben und die Dinge aus der Distanz, von einer Metaebene aus, betrachten können. Nach mehr als 20 Jahren Erfahrung an Hochschulen mit Kolleg_innen, mit Menschen, die als Intellektuelle und Akademiker_innen bezeichnet werden, kann ich zu die-

---

29 Der Beitrag ist die überarbeitete Fassung eines Vortrags im Rahmen der *Langen Nacht der Universitäten* am 10.5.2019 um 4 Uhr morgens an der TU München.

ser Annahme nur sagen: Was die Reflexion und den Durchblick in Bezug auf uns selbst und die Welt, in der wir leben, betrifft, finde ich unter Student_innen nicht weniger Klarheit als bei Kolleg_innen. Meine These ist: Die Fähigkeit zum »Durchblick« hängt weder vom Bildungsgrad noch von der akademischen Stellung ab. Wovon aber – das werden Sie sich fragen – hängt es dann ab, dass eine_r checkt, was »hinter den Dingen« sich versteckt, wie die Sachen und die Menschen in unserer Gesellschaft zusammenhängen und wieso z. B. Menschen, die mit einem SUV durch die Gegend sausen, bei einem Volksbegehren unterschreiben, in dem es vorgeblich um den Schutz von Bienen gehen soll.

Vom Durchblick

Um zu verstehen, was Wissenschaft (also die »Durchblickprofession« schlechthin) sein kann und was ihre eigentliche Aufgabe ist, verwende ich im Studium ein altbekanntes Beispiel: Wenn wir einen Stab sehen, dessen Ende in einem Teich verschwindet, so ist dieses Ende als »abgebogen« zu erkennen. Wer keine Ahnung hat – aber auch Kinder glauben das noch –, denkt nun, dass dieser Holzstab an einer Stelle geknickt sei. Wenn ich den Stab aus dem Teich ziehe, sieht jede_r, dass er völlig gerade ist. Um dieses Phänomen zu verstehen, muss ich theoretisch, wissenschaftlich denken. Die Oberflächen-Betrachtungen alleine können ja nicht erklären, wieso der Stab einmal geknickt und ein anderes Mal gerade erscheint. Was wir benötigen, um den »Schein« zu durchschauen, ist eine Theorie aus der Physik: Das Phänomen der Brechung wurde von Ptolemäus, einem griechischen Mathematiker des 2. Jahrhunderts nach Christus, in seinem Werk *Optik* beschrieben. Korrekt angegeben wurde das Brechungsgesetz zum ersten Mal im 10. Jahrhundert von Ibn Sahl, einem persischen Gelehrten. Was wir von diesem Beispiel grundsätzlich lernen können, ist, dass wir theoretisches Denken benötigen, um Alltagsphänomene (aber auch vieles andere) durchschauen und richtig verstehen zu können.

In einem über 50 Jahre alten Buch, welches für das revolutionäre Denken der Student_innenbewegung enorm wichtig war, heißt es zur Frage nach Praxis, Theorie und Methode: »Warum ... wird das theoretische Denken zum ›Universalmedium‹, durch das alles noch einmal durchgeht oder durchgehen kann, was schon im Erlebnis erlebt, im Anschauen angeschaut, in der Vorstellung vorgestellt, in der Tätigkeit getan und im Gefühl gefühlt worden ist? Warum wird die Wirklichkeit ... noch einmal theoretisch angeeignet?« (Kosík 1967, 25/26) Anders und etwas einfacher gefragt: Wieso sollen wir denn über alles nachdenken und auch noch Theorien lesen bzw. selbst entwickeln, wo wir doch erleben, sehen und spüren, wie die Sache funktioniert? Die Antwort ist ganz einfach: Wir können nie »sehen«, »hören« oder »fühlen«, wie etwas funktioniert. Wenn ich morgens mein Radio einschalte und Musik höre, dann weiß ich noch lange nicht, wie das funktioniert. Wenn ich die Klospülung drücke, weiß ich zwar, dass das Ergebnis dem entspricht, welches ich mir wünsche; aber über den Weg des Wassers in den Spülkasten hinein und wieder hinaus und alles, was damit zusammenhängt (Herkunft des Wassers, Wasserdruck, Abwassersysteme etc.), weiß ich nur ansatzweise Bescheid. Bei Phänomenen, an denen wir Menschen beteiligt sind (und an welchen sind wir nicht beteiligt?) sind die komplexen Zusammenhänge noch verwirrender, die Fragen vielfältiger und die Probleme »unlösbarer«.

Auch hierzu ein Beispiel: Seit vielen Jahren fahre ich mit Student_innen nach Oświęcim in Polen, um das deutsche Vernichtungslager Auschwitz zu »besuchen«. Was sehen die Student_innen dort? Im Stammlager sehen sie Backsteingebäude, darunter den berühmt-berüchtigten Block 11. Am Eingang das eiserne Tor mit der Inschrift »Arbeit macht frei«. Im Vernichtungslager Auschwitz-Birkenau (Auschwitz II) ist – vom heutigen Eingang aus betrachtet – weitgehend nichts zu sehen außer Gleisen, die im Nichts enden. Der Name: »Rampe«. Dahinter ein Denkmal, rechts davon (»ein Schritt und Sie sind im Bereich der Vernichtung«, sagt der polnische »Führer«) zerfallene Ziegelsteinmauern; noch weiter in Richtung Birken- und Kiefernwald ebenfalls zerfallene Gebäude, die »Krematorien« genannt werden. Ich weiß nicht, was in den Köpfen und Herzen der Student_innen vorgeht, welche Bilder in ihnen auftauchen. Ich weiß aber, dass ohne historisches, politisches, ökonomisches Wissen, dass ohne theoretische Anstrengungen nicht verstanden werden kann, wie dieser Ort möglich wurde und was dort (wie auch in Sobibor, Lublin-Majdanek, Treblinka und anderen Vernichtungsorten) geschah. Die wichtige Frage, die es allerdings zu beantworten gilt, wie und warum die deutschen Täter hier Menschen in einem Maßstab vernichtet haben, der uns das Verstehen so schwer macht, wird durch das »Ensemble« Auschwitz II ebenso wenig erklärt wie durch das Auschwitz I genannte Stammlager.

Vierzig Jahre meines Lebens habe ich damit verbracht, den deutschen Faschismus und den Holocaust (also die Vernichtung der europäischen Juden durch die Deutschen) zu verstehen; ich habe mehr als 1000 Bücher zum Thema gelesen (und auch einige dazu geschrieben) und muss gestehen: Es gibt kaum eine wirklich konsistente Erklärung, keine umfassende theoretische Ausarbeitung dazu, »wieso das alles geschehen konnte«.[30]

---

30 Denjenigen, die sich nach den fundiertesten »Erklärungen« zum Thema deutscher Faschismus und Holocaust erkundigen würden, empfehle ich zwei Bücher, die einer konsistenten Erklärung – aus unterschiedlichen Blickwinkeln – nahekommen: Moishe Postones Aufsätze »Der Holocaust und der Verlauf des 20. Jahrhunderts« und »Antisemitismus und Nationalsozialismus« (beide 2005) sowie Christopher Brownings *Die »Entfesselung« der Endlösung* (2003).

Lernen statt Bildung

Was also brauchen wir, um uns in dieser sehr komplexen, sehr widersprüchlichen – und auch sehr ungerechten – Welt zurechtzufinden? Ich denke, wir brauchen Schulen und Hochschulen, an denen Sie und ich und auch noch andere zusammen lernen können. Lernen heißt, Zusammenhänge zu erkennen, Hintergründe zu verstehen und Ursachenforschung zu betreiben. Wie dumm müssen Politiker_innen denn sein, wenn sie permanent behaupten, »steigende Mieten« (als wären es handelnde Subjekte) seien schuld daran, dass die Menschen die Mietpreise nicht mehr bezahlen können? Oder sind sie gar nicht dumm, sondern wollen – weil sie von dieser Lobby auch genügend Geld kassieren – Immobilienspekulanten und Hauseigentümer schützen, die damit Geld verdienen, dass andere wohnen müssen? Die Frage, wieso die Mieten steigen, können Sie selbst beantworten. Die Frage, wieso uns Politiker_innen, die durchaus »gebildet« sein mögen, nur oberflächlichen Dünnpfiff als Erklärung anbieten, müssen wir durch Nachdenken »lösen«.

Nachdenken, d.h. einer Sache oder einem Ereignis so lange nachspüren, bis wir verstehen, aus welchen Gründen und mit welcher Funktion etwas gesagt, gefühlt oder gemacht wird, ist in Zeiten, in denen Politiker_innen und Hochschullehrer_innen von »digitaler Bildung« schwätzen, nicht leichter geworden. Eine Flut an Informationen ist für alle erhältlich per Internet, was jedoch das Zusammenhangsdenken in Bezug auf die Informationen betrifft, ist weitgehend eine große Leerstelle zu verzeichnen. Viele meiner Student_innen finden es reichlich absurd, wenn ich ihnen in Bezug auf das Zusammenhangsdenken von Sokrates rede. Alter Grieche, kann nur langweilig sein. Immerhin sind sie sofort begeistert, wenn ich ihnen mitteile, dass von Sokrates keine Zeile überliefert ist und sie also nichts von ihm lesen müssen. Ich lese ihnen Passagen aus Blochs *Prinzip Hoffnung* vor – und sie beginnen zu staunen: »Wobei dieses Wissen bei Sokrates ohnehin nur als eines ums Gute zugelassen wird, indem von den Bäumen nichts zu lernen sei, wohl aber von den Menschen in der Stadt, und ein Wissen um Bäume und noch entfernteres der rechten Lebensführung, auf die es allein ankommt, zu gar nichts nütze sei« (1963, 1018). Schon beginnt ein Streit: Man könne von Bäumen eine Menge lernen, die Natur zeige überhaupt, wie es funktioniere – wir Menschen hätten das Böse in die Welt gebracht; andere entgegnen, dass Bäume und Tiere nichts wissen würden von dem »Guten«, weil sie im Gegensatz zum Menschen keinen Verstand hätten und also das Wahrgenommene gar nicht bewerten könnten. Das Verhältnis des Menschen zur Welt, zur kapitalistischen Gesellschaft, zu Vorformen davon; Fragen nach der menschlichen Konstitution (aber auch anthropologische Fragen) sowie originär grundlagenwissenschaftliche Fragen nach (Selbst-)Wahrnehmung bei Mensch und Tier: Eine Bestandsaufnahme der ausufernden Diskussion zeigt, welche

Lücken es in Bezug auf unser Wissen gibt und: dass es sinnvoll sein kann, mit Sokrates zu beginnen, um gemeinsam zu lernen.

Was ist aber nun Lernen im Gegensatz und im Verhältnis zu Bildung? Die Wörter tragen ihre Bedeutung in sich: Bildung ist quantitativ vermehrbar und etwas Statisches, Lernen ist eine (unabschließbare) Handlung, eine Fähigkeit, die allen Menschen angeboren ist. »Wissen ist Macht«, war eine Parole der frühen Arbeiterbewegung. Sie ist genauso falsch wie der Satz »Aus Erfahrung wird man klug«. Kein Zweifel: Wir benötigen eine Menge an Wissen, viele Informationen und Daten, um Sachverhalte richtig darstellen und verstehen zu können. Was aber noch viel entscheidender ist als Wissen um Informationen, ist verstehen, wie die Dinge, von denen wir wissen, miteinander zu tun haben. Zusammenhänge zwischen Lohnarbeit und Kapital, zwischen Hungerkatastrophen in Afrika und der deutschen sowie europäischen Export- und Agrarpolitik, zwischen Kriegen in der ganzen Welt und den Profiten der deutschen Rüstungsfirmen: Wir müssen die unmittelbar als richtig erscheinenden Tatsachen hinterfragen und durchdringen, um zu verstehen, wieso die Welt seit Jahrhunderten weder gerechter noch sozialer oder lebenswerter wird für den Durchschnitt der Menschen. Dieses Verstehenwollen und -können nenne ich Lernen.

Und wenn Kolleg_innen den Standpunkt einnehmen, dass es »uns doch gut geht«, so ist es unsere Aufgabe, dieses »Gutgehen« zu hinterfragen. Wenn Frigga Haug, eine seit sechzig Jahren streitbare Feministin, recht hat mit der These, dass Lernen nichts anderes ist als »Erfahrungen in die Krise führen« (vgl. Haug 2018, 269ff.), dann bedeutet das für meinen Standpunkt: Ich habe in der Lern-Arbeit an der Hochschule die Möglichkeit, Student_innen in die Krise zu führen. Das bedeutet erstens, Zweifel daran zu wecken, was ein »gutes Leben« sein soll: am Samstag auf dem Sofa zusehen, wie der FC Bayern gewinnt (oder verliert) und dabei Chips essen und Bier trinken, um sich von der Mühsal des Studiums zu erholen; oder sich einen Tag zu »basteln«, den ich unabhängig von den Blödmaschinen der Herrschenden (Facebook, Youtube, TV, Google etc.) mit den (manchmal auch geliebten) Partnern und/oder Freund_innen verbringe: im Wald, am See, am Berg, in den Kneipen oder gar im gemeinsamen Liebesnest ... Zweitens: Wer soll das »uns« sein, denen es gut geht? Fragen wir genauer nach, werden die Antworten brüchig. Geht es mir denn »immer« gut? Bin ich glücklich oder nur zufrieden, und falls nein, was hat das mit den Bedingungen im Studium zu tun, auf die ich als Einzelne_r, aber auch in der Gruppe, kaum Einfluss nehmen kann? Geht es »uns Deutschen« oder »uns an der Hochschule« gut? Und falls ja, auf wessen Kosten? Wie kann es mir gut gehen, wenn andere dafür hungern und verrecken müssen, dass es mir gut geht? Lernen wäre, das, was normal und üblich ist, infrage zu stellen, ohne dass wir sofort eine richtige Antwort geben können. Und wir sollten unseren Standpunkt und unsere Fragen nicht aufgeben, wenn Kommiliton_innen sagen: »Man kann nicht immer glücklich sein«, »Ich kann doch nichts dafür, wenn andere hungern«, »Ja, aber wir sind doch viel zu wenige, um was zu ändern« usw. Selbstverständlich hat Bertolt Brecht recht mit dem Satz, es ergebe keinen Sinn, weniger zu essen, nur weil woanders Menschen hungern. Aber recht hat auch Dietmar Dath mit seinem Satz: »Die Ausgangsbedingungen hier, heute sind ... schlimm. Eins ist sicher: Wer sie bloß anstarrt, macht sie schlimmer« (Dath 2014, 151). Auch das gehört zum Lernen: Wir sollten uns einmischen in Kulturelles, Politisches und Ökonomisches – in und außerhalb der Hochschule.

Lernen an Hochschulen
Klaus Holzkamp, mein Vorbild eines kritischen Psychologen in meiner Studienzeit (er schrieb ein zentrales Lehrbuch zum Thema »Lernen«), war überzeugt davon, dass Schulen und Hochschulen »Orte zur Verhinderung des Lernens« seien. Wie kann es sein, dass gerade dort, wo ich dachte, es handle sich um den besten Platz, um etwas zu lernen, genau das verhindert werden soll? Heute weiß ich, dass die Trennung zwischen dem akademischen Milieu und dem »normalen«, alltäglichen Leben von uns allen, Hochschullehrer_innen wie Student_innen, tagtäglich hergestellt und aufrechterhalten wird. Das beginnt

mit der Sprache, die Wissenschaftler_innen glauben sprechen zu müssen, um Sachverhalte adäquat auszudrücken. Sie zu erlernen, ist wie das Eindringen in eine geheimwissenschaftliche Sekte; und wenn man »drin« ist, wird auch verstanden, was mit den gelernten Ausdrücken, Floskeln und Fremdwörtern gemeint ist. Für viele ist die soziologische und psychologische (Hochschul-)Sprech- und Schreibweise jedoch ein Beleg dafür, dass wissenschaftliche Welt und Alltagswelt keinen Berührungspunkt aufweisen. Wer versteht schon Sätze wie den aus Habermas' neuestem Philosophieband: »Mit seinen Worten vollzieht Gott einen Akt des Versprechens, der einen illokutionären Überschuss über den propositionalen Gehalt seiner Worte enthält« (2019, 41)?

Anfang 2014 habe ich beschlossen, den »wissenschaftlichen« Stil des Schreibens aufzugeben und mich – anlehnend an die Diktion Ernst Blochs – als sprachlicher »Vermittler« zu verstehen: zwischen den Dingen und den Menschen, die sich für die Dinge ihres Lebens (und was ist nicht mit unserem jeweiligen Leben verbunden) begeistern können. Das bedeutet nicht, das werden Sie bereits bemerkt haben, dass ich gewillt bin, auf Powerpoint oder in pdf-Dateien gepresste Plattitüden an Student_innen weiterzugeben. Auch hierfür hilft mir ein Satz meines Lieblingsphilosophen Ernst Bloch: »Und das ist nicht die rechte Art, Menschen zu lieben, wenn man ihnen allzu verbilligtes Wissen abgibt« (Bloch 1976, 244).

Lehren an Hochschulen

Alle hätten es vor »Corona« wissen können, doch die Millionen und Milliarden, die Google, Apple, Facebook und andere Institutionen der digitalen Verseuchung ins »Gemeinwesen« fließen lassen, um ihre Macht und unsere Abhängigkeit zu fördern, lassen die Restbestände an kritischem Geist in Bezug auf Lernprozesse als technikfeindliche Äußerungen erscheinen. Doch es ist ganz einfach (und das Einfache ist nicht nur schwer zu machen, wie Brecht sagt, sondern auch schwer zu verstehen): Wenn Lehrende etwas an die Tafel malen, dann nennt das kein Mensch »Tafellernen«; wenn Schüler_innen in ihrem aus Papier bestehenden Heft Mathematikaufgaben lösen (oder auch nicht), nennt das niemand »Heftlernen«. Doch weil Menschen beim Lernen nun Medien nutzen, welche als »digitale Medien« bezeichnet werden (die meisten wissen gar nicht, dass »digital« im Duden als »in Ziffern dargestellt«; ziffernmäßig« übersetzt wird), sprechen alle von »digitalem Lernen«. Die Corona-Zeit und die damit verbundene Schließung von Schulen und Hochschulen hat es an den Tag gebracht: Student_innen und Dozent_innen lernen intensiver und sozial angemessener, wenn sie sich sehen, hören und real in einem Raum befinden. Warum das so ist, sollen Sozialpsycholog_innen in langweilig zu lesenden Studien erklären; doch dass es so ist, daran kann nun kein Zweifel mehr sein. Nie zuvor haben sich Schüler_innen nach einer Institution, in die sie zwangsweise gehen müssen, so gesehnt wie im Frühjahr und Sommer 2020. An diesem Paradox wäre einiges – auch an der Hochschule – zu erforschen. Noch einmal möchte ich Sokrates bemühen, um zu zeigen, wie wir an der Schule/Hochschule lernen können und wie uns Fragen weiterbringen können. Wenn Sokrates durch die Straßen Athens lief und die Handwerker verunsicherte, dann nicht, weil er fragte: »Was machst du da?« oder »Aus welchem Material ist die Sohle des Schuhs, den du schusterst?« Das Wissen, das er aus den Leuten herauskitzeln wollte, war eins, das ihren Geist öffnete in Hinblick auf die Welt (die Polis) und das eigene Leben darin; also fragte er: »Was wollt ihr damit, was macht ihr damit, was ist der Zweck und warum habt ihr sie [die Schuhe, kw] gemacht?« Auf solche – bisher unbekannte – Fragen waren die Athener nicht vorbereitet, sie »fingen an zu stottern und wussten nicht Auskunft zu geben« (Negt 2019, 165). An dem Punkt beginnt gemeinsames Lernen: die Dinge, die wir tun, ihren Zweck und ihre Funktion im gesellschaftlichen Zusammenhang zu befragen und so frei zu sein, keine Antwort zu wissen – und dem Professor die Aufgabe zu stellen, Literatur etc. zu besorgen, damit alle einer Antwort näher kommen. Wenn mir das gelingt, dann – so hoffe ich – bin ich ein unangenehmer, also guter »Lehrer«.

Schluss

Student_innen sind – weil ich Noten geben muss – von mir abhängig. Mein Wunsch wäre, dass sie mich zum Anlass nehmen, um sich von der Idee zu verabschieden, Professoren könnten so etwas wie Vorbilder sein. Erich Fried, einer meiner Lieblingsdichter, hat den Wunsch nach Vorbildern in ein schönes Gedicht verpackt (Fried 1993, 83)

> Befreiung von den großen Vorbildern
>
> Kein Geringerer
> als Leonardo da Vinci
> lehrt uns
> »Wer immer nur Autoritäten zitiert
> macht zwar von seinem Gedächtnis Gebrauch
> doch nicht
> von seinem Verstand«
>
> Prägt euch das endlich ein:
> Mit Leonardo
> los von den Autoritäten!

Was ist aus dem Anfang, den jungen Fischen und dem alten geworden? Ich weiß es nicht! Der alte Fisch wusste, dass er im Wasser schwimmt, die jungen wussten es nicht, noch nicht! Mein Wunsch als »alter Fisch« an Sie: Lernen Sie alles übers Schwimmen, übers Tauchen und übers Aus-dem-Wasser-Herausspringen. Vor allem aber seien Sie überzeugt, dass Sie auch außerhalb des Meeres noch Wege finden, die selbst ein Fisch, egal wie alt er ist, »beschreiten«

kann. Und lernen Sie – auch das gehört zum Klügerwerden dazu –, dass der alte Fisch ab und zu stinkt, und dass Bier, Sekt und Schnaps manchmal besser sind als Wasser.

Die ganze Welt für alle

Die Frage bleibt unbeantwortet, wie ich den Fallen der oberbayerischen Kleinstadt, die da sind: Trachten- und Fußballverein, Heimatliebe, Männerbündelei gemischt mit Frauenverachtung, entging. Bis heute sind es Menschen, bei denen ich mich zu Hause fühle, auch Orte. Die Berge sind es vor allem, in denen ich mich wohl fühle, weil sie sich nicht darum scheren, in welchem Land sie sich befinden. Mit Blick auf diese Berge wuchs ich auf an einem Fluss, der vom Tegernsee kommend in Inn, Donau und das Schwarze Meer fließt. Wenn ich heute mit dem Blick auf die ehemalige Baumwollspinnerei diesen Fluss überquere, breitet sich, ob ich will oder nicht, das Gefühl in mir aus: Jetzt bist du daheim. Dabei bin ich vor diesem Daheim geflohen, vor vielen Jahren, und ich wusste genau, und ich weiß es noch heute, und es wird sich künftig nichts daran ändern, dass ich hier nicht mehr leben könnte[31].

*

Meine Mutter lebte ihr Leben lang in einer oberbayerischen Kleinstadt. Ein einziges Mal war sie zu überreden, in ein Flugzeug zu steigen, um einen Jugendfreund ihres Mannes, meines Vaters, in Mexiko zu

---

31 Text unter Verwendung einer Textpassage von Ingrid Strobl (1995).

besuchen. Noch Jahre später schwärmte sie von der Schönheit und Buntheit dieser Reise, um im letzten Satz hinzuzufügen: »Aber daheim ist es doch am schönsten.« Ihr Zuhause war bestimmt vom Blick der anderen Kleinstadtbewohner_innen, die sie – und damit auch uns, ihre drei Kinder – in der Normalität, der Enge und der Ordnung halten wollten. Als wäre das Überschreiten der von wem auch immer gesetzten Grenzen mit einem Todesurteil, mindestens aber mit der Ausweisung aus der Kleinstadt verbunden. Dies glaubend, lebte und starb meine Mutter – heimattreu und depressiv.

Heimat – literarisch
Im Jahr 2019 erhalten zwei Menschen den Literaturnobelpreis: die polnische Autorin Olga Tokarczuk und der österreichische Schriftsteller Peter Handke. Beide leben nicht mehr dort, wo sie geboren wurden, und beide reisten und reisen gerne. Tokarczuks Buch *Unrast* handelt davon, auf Reisen, auf der Flucht und entwurzelt zu sein; also nicht an dem Ort zu sein, an dem viele behaupten sich zu Hause zu fühlen. Ihr scheint das Zuhause ein Greuel zu sein: »Ein sesshaftes Leben, dieses merkwürdige Leben, in dem man morgens da weitermacht, wo man am Abend aufgehört hat, in dem die Kleidung ganz vom Geruch der eigenen Wohnung durchdrungen ist und die Füße unermüdlich ihren Pfad auf dem Teppich treten« (2019, 13). Das Unveränderbare, Statische und

Auf-sich-Bezogene eines solchen Heimat-Orts birgt für Tokarczuk die Unmöglichkeit, über die eigenen Beschränktheiten – aber auch über die regionalen wie die Landesgrenzen – hinauszudenken und zu -gehen. Peter Handke, österreichisch-slowenischer Herkunft, lebt seit Jahrzehnten in der Nähe von Paris und kann den Satz unterschreiben, dass man »seinen Eltern dankbar dafür sein [muss, wenn sie einem] ihre Heimatlosigkeit vererbt haben« (1998, 325). Als kritischer Geist, der den westlichen Mächten nicht glauben will, wenn sie von Demokratie und Menschenrechten sprechen[32] und dafür ganze Regionen mitsamt den dort lebenden Menschen in den Tod bomben wie 1999 (als die von Deutschland unterstützte NATO einen völkerrechtswidrigen Krieg gegen Serbien führte), weiß er, dass die Gegend, welche die meisten »Heimat« nennen, vor allem mit Einheimischen bevölkert ist, die einen Freigeist wie ihn ebenso aus dieser Heimat vertreiben wollen wie alles Fremde und »Andersartige«. In solch einer Heimat, schreibt er, »werde ich (wieder) menschenscheu« (1998, 115); denn: »Die Heimat ist von den Feinden besetzt, seit

---

32 Wer der Regierungspropaganda von Rot-Grün 1999 und der damals wie gleichgeschaltet agierenden Medienlandschaft in der BRD keinen Glauben schenken wollte, konnte lediglich im *Freitag* und in *Konkret* Nachrichten lesen, die der Wahrheit am nächsten lagen. Peter Handke hat immer wieder auf diese Gleichschaltungsdynamik mit Lügen über Kroaten, Serben und Kosovoalbaner hingewiesen, zuletzt in *Rund um das große Tribunal* (2013).

je« (ebd., 123). Auf einen kurzen Nenner bringt es eine weitere Literaturnobelpreisträgerin, die ebenfalls nicht dort leben will, wo sie herkommt: Elfriede Jelinek. Den eingeborenen Bayern und Österreichern legt sie guten Grunds die Worte in den Mund: »Wir sind wir und scheuchen von allen Orten die anderen fort« (1990, 13). Mag sein, dass Schriftsteller_innen ein besonderes Gespür für Veränderungen und Brüche in Landschaften wie im Leben haben müssen und somit den Muff des Gestrigen im Heimatbegriff besser erkennen. Die Eingeborenen, die von »ihrer Heimat« reden, legen Wert darauf, dass diese sicher, unverändert und ungestört bleiben soll. In Handkes *Zurüstungen für die Unsterblichkeit* spricht das VOLK diesen Wunsch aus: »Am schönsten ist es, wenn alles so bleibt, wie es ist« (1997, 73). Doch was bleibt schon, wie es ist – vor allem in einer Gesellschaftsform, in der alle sich bewegen (müssen), um im Lohn- und Profitrennen mithalten zu können?

Wenn Heimat das ist, was bleiben und vor allem immer *gleich* bleiben soll, wenn Heimat etwas Unveränderbares sein soll, dann, so ein anderer Dichter (der politisch weite Wege ging: Christian Geissler), dann »gibt es sie nicht, denn auch der baum fällt, das warme haus, die liebe, des flusses biegung, der ganze stern« (2019, 142).

Heimat – politisch

»Heimat« ist in allen politischen Diskussionen damit kontaminiert, dass andere aus ihr ausgeschlossen werden sollen. Ebenso wie »Volksgemeinschaft« und »deutsche Leitkultur« definiert sich der Heimat-Begriff vor allem dadurch, dass er von allen mit vielfältigen Bedeutungen aufgeladen werden kann, allerdings keine exakte Definition erfährt. Der eine meint seinen Geburtsort, die anderen meinen ihren Verein und die damit verbundenen Bräuche, der dritte wiederum betrachtet vor allem die Menschen, mit denen er befreundet ist, als Grundlage seiner Verbundenheit mit einem Ort, einer Heimat. Diese Beliebigkeit, was die definitorische Klarheit betrifft, macht gerade die politische Funktion solcher »Containerbegriffe« aus: Jede_r kann sie mit eigenen Bedeutungen füllen, solange keine Eindeutigkeit bezüglich des Begriffs verlangt ist. Eindeutig ist allem Heimatgeschwätz jedoch das Wissen darüber, was und wer nicht zur Heimat gehört: »Wer kein Bier trinkt, ist kein Bayer, wer den Koran liest und an Allah glaubt, kann kein Deutscher sein, wer nicht wie wir ist (und wir sind nicht, wie ihr seid), der ist eben anders. Wir sind alle die, welche keine anderen sein wollen, obwohl wir – und zwar jede_r Einzelne von uns – einzigartig sein wollen in unserer Wirhaftigkeit.«

Alle theoretischen Analysen zu den ideologischen Grundlagen des deutschen Faschismus zeigen, dass die von Hitler, Goebbels und Rosenberg propagierte

»deutsche Volksgemeinschaft« vor allem über die Ausgrenzungs- und Auslöschungsphantasien eines imaginierten jüdisch-marxistischen GEGEN-VOLKS funktionierte. In *Mein Kampf* weiß Hitler über die Juden alles (auch wenn das »Gewusste« keiner Wirklichkeitsprüfung standhalten würde); über das »deutsche Wesen« oder die Kennzeichen einer »deutschen Volksgemeinschaft« jedoch kann er keine einzige konkrete positive Aussage treffen (vgl. Projekt Ideologie-Theorie 2007). *Heimat* wird – vor allem als politischer Kampfbegriff – zumeist gegen andere verwendet und nicht, um einen Ort, eine Region oder gar ein Stück der Natur zu schützen. Gerade die bayerischen Trachtler und Böllerschützen sind es, die bei jeder Einweihung von Golfplätzen, von Skigebieten und neuer Hotelanlagen als kulturelle Zierde für politische Umweltvergehen dienen wollen.

Zuhause

Unzählige Menschen haben kein Zuhause. Viele sind auf der Flucht, weil sie in Wellblechhütten mit anderen zusammengepfercht nicht leben können, viele leben und arbeiten im »Wanderschaftsmodus«, viele fliehen vor Krieg, Hunger, Folter und den Folgen ökologischer Katastrophen. Doch nicht nur an den Rändern, auch in den Zentren und Metropolen kapitalistischen Wirtschaftens haben die wenigsten ein dauerhaftes Zuhause: Der freie Warenverkehr erzwingt den freien Menschenverkehr, was sich in Phrasen wie »zunehmende Mobilitätserfordernisse« äußert. Von psychisch belastenden Arbeitsplätzen ausgelaugt, sitzen Arbeitsmenschen viele Stunden in Autos, Zügen, Bussen und U-Bahnen, um vom Schlaf- zum Arbeitsort und zurück zu kommen. Wer noch jung oder fit genug ist, vergnügt sich auf After-Work-Partys, um anschließend in seiner überteuerten Wohnkammer angetrunken ins Bett zu fallen. Mag sein, dass das *Manifest der Kommunistischen Partei* von Marx und Engels in einigen Punkten – was die Erwartungen einer proletarischen Revolution betrifft – danebenliegt. Bestätigt hat sich jedoch, wie die Warenproduktion aus Profitgründen das soziale Leben »unbarmherzig zerrissen und kein anderes Band zwischen Mensch und Mensch übriggelassen [hat] als das nackte Interesse, als die gefühllose ›bare Zahlung‹« (1848/1983, 464). Selbst diejenigen, die von einem »Zuhause« sprechen können, weil sie ein Dach über dem Kopf haben, sind in diesem Zuhause noch lange nicht glücklich. Zuhausesein setzt soziale, ökonomische und persönliche Sicherheit sowie Geborgenheit voraus – ein Zustand, der den herrschenden Interessen einer kapitalistischen Warenproduktion diametral entgegengesetzt ist.

Bleibe

> Das Auseinanderhalten
> hielt uns zusammen
> ein Leben lang; bitte
> bleib über Nacht.
>
> (Merz / Liebesgedicht)

»Kann ich bei dir bleiben heute Nacht?«; eine Frage, die ich in der Schule oft stellte, wenn ich Angst hatte vor meinem Zuhause, vor meinen Eltern und Brüdern, wo ich eigentlich sein sollte: Eine Bleibe wollte ich finden, als Unterschlupf für kurze oder längere Zeit. Mir fällt keine Möglichkeit ein, wie dieses Wort – im Gegensatz zu Heimat – politisch ausgrenzend verwendet werden könnte. In einem Streitgespräch mit seinem heimatverbundenen und fremdenverachtenden Großvater (»Mit eurer Fremdsprache habt ihr unsere heilige Heimatluft entheiligt!«) findet Peter Handke ein Wort gegen des Großvaters Heimatgeschwätz: »Ein einziges reichsdeutsches Wort hat mich allerdings aufhorchen lassen: ›Bleibe‹. Bleibe ... Bleibe! – statt der ewigen Leier mit ›Heimat‹!« (2010, 22)

Jemandem eine Bleibe bieten setzt das Wissen um dessen/deren Not voraus. Es ist für die Fragenden gar nicht nötig, diese Not genauer zu beschreiben; das Fragen nach dem Bleibenkönnen in fremdem Zuhause scheint den Grund des Bleibenwollens in sich zu tragen. Doch: Der Grund des Bleibens bei anderen Menschen muss nicht unbedingt Not und

Leid beinhalten. Auch Verliebte fragen danach, ob sie die Nacht bei der/dem anderen bleiben können. Mag sein, dass die Sanftheit und Aufnahmebereitschaft der Liebessprache das Bleibe-Wort so freundlich klingen lässt.

Gastfreundschaft

Ein Zuhause bezieht sich – im Gegensatz zum Heimatbegriff, der zumeist eine ausschließende Funktion hat – in der Regel auf das Dach, das wir über dem Kopf haben. Während *Heimat* in der Regel weder Personen noch konkrete Gebäude benennt, kann das Zuhause durchaus der Ort sein, in dem andere, auch fremde Menschen Unterkunft, Unterschlupf, Beherbergung finden können. Die Grundhaltung derer, die dem Anderen, dem Fremden, Räume zum (Über-)Leben anbieten, ist die der Gastfreundschaft. Weit davon entfernt, Gäste als zeitweilige Mitmenschen zu betrachten, ist Gastfreundschaft als radikale Handlung zu denken (mit Marx: radikal ist, der Sache an die Wurzel zu gehen, und die Wurzel ist der Mensch).

In der griechischen Polis wie auch in Rom war dem Fremden (gr.: xénos, lat.: hostis) durch Zeus beziehungsweise Jupiter grundsätzlich privater wie öffentlicher Schutz und auch Unterkunft gewährleistet. Diese Art von »Gastfreundschaft erfordert, dass ich mein Zuhause öffne und ... dem unbekannten, anonymen, absolut Anderen (eine) Statt gebe, dass ich ihn kommen lasse, ohne von ihm eine Gegenseitigkeit zu verlangen oder ihn nach seinem Namen zu fragen. Das Gesetz der absoluten Gastfreundschaft gebietet, mit der rechtlich geregelten Gastfreundschaft, mit dem Gesetz oder der Gerechtigkeit als Recht, zu brechen« (Derrida 2016, 25/26). In Deutschland soll ein Gast nur dann »aufgenommen« werden, wenn er – wie auch GRÜNE und FDP fordern – einen ökonomischen Nutzen hat. Insofern ist ein Einwanderungsgesetz nichts anderes als ein Ausschließungsgesetz für diejenigen, die keine Gegenleistung erbringen können in den Augen derer, die in diesem Land des ökonomischen Wahns die Gegenleistungen festlegen. Dieser Missbrauch von Gastfreundschaft wird von Derrida als Grundlage dafür genannt, wie Menschen zu Parasiten gemacht werden: »Ohne dieses Recht [auf Asyl] kann er ›bei mir‹, im Hause des Gastgebers, nur als Parasit, als missbräuchlicher, illegitimer, heimlicher Gast Eingang finden, der damit rechnen muss, vertrieben oder festgenommen zu werden« (ebd., 48). Ein unglaublicher Widerspruch, der zum Nachdenken über unsere »demokratisch verfasste Gesellschaft« anregen kann: Gastfreundschaft als Haltung wird – wenn wir sie denn ernst nehmen – zum kriminellen Akt.

Zukünftiges – ein Zuhause für alle

Heimat – wenn sie eine positive Bedeutung haben könnte – kann einzig als zukünftige gedacht werden, in der alle Menschen einen Platz, ein Zuhause haben sollen, in der sie einander als Menschen gleich und gerecht behandeln und in der keinem ein Haar gekrümmt werden darf. Biblisch wäre das ausgedrückt in den Paulusbriefen an die Hebräer mit dem Satz: »Wir haben hier keine bleibende Statt, sondern die zukünftige suchen wir« (Hebräer 13,14). Im *Deutschen Requiem* lässt Brahms dieses Pauluswort, das ins Ungekannte, auf die Möglichkeit eines menschlichen Lebens verweist, mit hellen Posaunen enden – und mit dem Satz: »Wir werden alle verwandelt werden ... zu der Zeit der letzten Posaune.« Weil es keine solche *Heimat* gibt, müssen wir sie uns selbst erschaffen; also nicht christlich-demütig abwarten, bis wir verwandelt werden, sondern uns die Welt so wandeln, dass wir und die nach uns Kommenden in und auf ihr leben können. Max Horkheimer wünschte sich eine solch heimatliche Welt: »Wird der Gedanke solcher Heimat in die Herzen aufgenommen sein, dann könnte jene Solidarität« entstehen, die der menschlichen Situation gemäß ist: »dass alle ... endliche, durch ein Ziel verbundene Wesen sind: das Leid zu bekämpfen, in Freiheit zu leben, die Wahrheit zu erkennen und nach Kräften zu verwirklichen« (GS 8, 322f.). Doch in heutigen Zeiten, in denen nach dem Wahlerfolg der neuen Nazis aus der AfD im Jahr 2017 die Vorsitzende der GRÜNEN ausruft: »Wir lieben dieses Land. Das ist unsere Heimat. Und diese Heimat spaltet man nicht«, in dieser Zeit hat vielleicht doch der kürzlich verstorbene Herausgeber der Zeitschrift *Konkret*, Hermann Gremliza, recht, wenn er behauptet: »Ohne Liebe zur Heimat keine Verbrechen gegen die Menschheit«.

V Extro

> Es gibt kein richtiges Leben im falschen.
> In diesem blendenden Satz eines großen Philosophen
> sonnen sich jene, die sich in falschen
> Lebensentwürfen eingerichtet haben,
> aus dem falschen Leben Gewinn ziehen
> und es als das richtige preisen.
>
> (Scharang / Komödie des Alterns)

Sie singt Brecht-Lieder, besticht durch ihren aufrechten Gang und klares Denken; sie ist eine kluge alte Frau – und sie wählt die Partei der neuen Nazis. Bei unserer letzten Diskussion, coronabedingt in ihrem Wohnzimmer, nennt sie mich – mein letztes Buch über die *Faschisierung Deutschlands* hat sie penibel und mit kritischem Geist gelesen – einen »realistischen Träumer« und schmunzelt dabei. Sie ist mir meist näher als manche, die ich in Gewerkschafts- und Parteiarbeit kennenlernte. Sie kann zuhören und ihren Standpunkt ändern – wenn meine Argumente sinnvoll und überzeugend sind.

Sie hat mein Buch gelesen und sich darüber gefreut, dass ein »Marxist« sich so ausdrückt, dass sie allem Geschriebenen folgen kann. Doch wie einer in diesen Zeiten noch Marxist sein kann, das versteht sie nicht. Sie ist der Meinung, für Kommunisten und

Sozialisten muss der Untergang der UdSSR und der DDR etwas Schreckliches gewesen sein. Ich erwidere, dass darin – gerade wegen der Fehler dieser Regierungssysteme – eine große Chance liegt: Marx unbeschwert lesen zu können, selbst Lenin (was ich selten mache) und Rosa Luxemburg; sie alle mit Antonio Gramsci, den befreiungstheologischen Bibellektüren, mit Peter Weiss, Volker Braun, Erich Fried und allen nach einem gerechten Leben dürstenden Geschichten – von Stephen Kings *The Stand* bis hin zu Peter Handkes *Zurüstungen für die Unsterblichkeit* (1997) – zu »kreuzen«: Das wird ein neues Schnittmuster hervorbringen, an dem viele von uns fröhlich und über die schöneren und besseren Formen und Wege streitend arbeiten können, um das Kapital-Pack und seine Menschenzerstörungsweise (die diese »unsere Marktwirtschaft« nennen) niederzuringen.

Ich weiß nicht, ob sie versteht: dass ich gerne von einer besseren Welt träume, sie ersehne mit allen Fasern meines Körpers, die gleichzeitig in der Wirklichkeit, der Realität zu Hause sind; dass ich den Widerspruch erleben und ertragen will, in für die meisten Menschen unerträglichen Verhältnissen den »Vorschein« einer besseren, gerechten Welt mit und für befreite Menschen denk- und spürbar zu machen: in Arbeit, Politik und Lieben (Letzteres an erster Stelle). Wenn der Widerspruch unsere Hoffnung ist, wie Brecht schreibt, so besteht die Arbeit darin, uns und den anderen immer wieder zu erklären, wie

»falsch« die Welt eingerichtet ist in und unter kapitalistischen Verhältnissen. Wie wenige sonst bringt Michael Scharang die falschen Verhältnisse auf den Punkt, wenn er schreibt: »Arbeit mag notwendig sein, aber dass der eine sich die Früchte der Arbeit des anderen aneignet und dass dieser Diebstahl zu einer Gesellschaftsordnung erhoben wird, die auch noch kundtut, es gäbe keine bessere, das trieb die beiden Männer dazu, eine Revolution, auch wenn sie nicht zu sagen wussten, wie die zu machen wäre, für unerlässlich zu erklären, denn kein Mensch sollte am Ende seines Lebens sagen müssen, ein Leben gehabt zu haben, das keines gewesen ist« (2010, 58). Im letzten Scharang-Buch ist der Anfang einer solchen Revolution gemacht, von Arbeiter_innen »der Stirn und der Faust«, wie früher gesagt wurde: einer Verkäuferin, die Betriebsrätin ist, und einem Psychiater, der sich selbst für ein bisschen verrückt hält, und vielen hunderten und tausenden, die sich ihr Leben nicht mehr »versauen« lassen wollen. Und in dem »mit der schlimmsten Unart gebrochen wird, dem Fernsehen« (ebd., 279): »Wir unterhalten uns bestens, wir brauchen nicht unterhalten zu werden« ist die Parole gegen die digitalen und sonstigen Blöd(mach)maschinen. Das Ziel ist eine Welt, in der alle ein besseres Leben haben und ihre menschlichen Wünsche in Erfüllung gehen: »Wir wissen, das ist ein unerreichbares Ziel. Wir werden es dennoch erreichen« (2020, 284).

Kein Reden vom »Kampf«, sei er antikapitalistisch, sei er antifaschistisch. Nicht nur, dass jeder Politclown auf der politischen Bühne heute von seinem »Kampf« gegen oder für eine Sache zu sprechen vermag; ich will nicht vergessen, dass in keinem Buch das Wort KAMPF so oft zum Einsatz kommt wie in Hitlers *Mein Kampf*. Auch wenn ich ihn schon an anderer Stelle (Weber 2018, 555) mit anderen Worten zitiert habe, so soll Christian Geisslers Aufgeben des Kampf-Begriffs nicht vergessen werden: Er schreibt von – nichtentfremdeter – ARBEIT, die wir als linke Gesellschaftskritiker_innen auf uns nehmen, um in den sozialen, kulturellen, ökonomischen, privaten wie politischen Grabenkämpfen zu bestehen, auch wenn wir wissen, dass das »weiße, kalte Pack« stärker ist und sich seine Klugen (organischen Intellektuellen) kaufen kann. Oft sind wir, bin ich »versteckt in die anstrengung einer arbeit, von der ich heute schon weiß, dass auch von der niemand was wissen will. aber ich« (2019, 10).

aber ich. aber die wenigen (oder vielen?), von denen ich wissen will und die von mir wissen wollen; die mich ausmachen – in der liebe, in der arbeit, in der politik: dank an die freund_innen der linken bewegungen und der linken partei (maria, wolfgang v., renate, nicole, tino, andrea, johannes, ellen, wolfram, chris, kay, thies, marc, ateş, max, münir, peter b.); dank an die selbstbestimmten menschen mit behinderung, mit denen manche arbeit zu kleinem erfolg führte (andi, michael, karin, ursula, patricia, brigitte, s. a., bella, lieve); dank an die kolleg_innen, die gegen den strom schwimmen (ariane, dick, juliane, burkhard, uli), die ich zu selten sehe; dank an die argument-kolleg_innen, die sofort bereit waren, die »jagdszenen« auf den weg zu bringen (iris, else, martin). dank an die »bergnahen« und »bergfernen« freund_innen (isabelle, philipp, linda, martina, klaus, ruth, peter p., regina). dank an jakob, der unser lehr-lern-verhältnis »umdrehte«.

in den letzten jahren von ihr beschenkt und also das buch ihr als geschenk (nicht gewidmet – welch schreckliches wort) geschrieben. der liebsten in meinem leben: alex.

Literatur

Achternbusch Herbert (1986). Breitenbach. Köln: Kiepenheuer & Witsch.

Anders Günther (1992). Über philosophische Diktion und das Problem der Popularisierung (Göttinger Sudelblätter). Göttingen: Wallstein.

Badiou Alain (2015). Lob der Liebe. Wien: Passagen.

Barthes Roland (2015). Fragmente einer Sprache der Liebe. Unveröffentlichte Figuren. Berlin: Suhrkamp.

Bedenbender Andreas, Lis Julia & Geitzhaus Philipp (Hg.) (2019). Hoffen wider alles Hoffen. Festschrift für Dick Boer, den Freund und Genossen zum 80. Geburtstag. Münster: ITP.

Benz Wolfgang, Graml H. & Weiß H. (1998). Enzyklopädie des Nationalsozialismus. München: dtv.

Bloch Ernst (1963). Das Prinzip Hoffnung. GA Bd. 5. Frankfurt/M.: Suhrkamp.

Bloch Ernst (1970). Atheismus im Christentum. Zur Religion des Exodus und des Reichs. GA Bd. 14. Frankfurt/M.: Suhrkamp.

Bloch Ernst (1976). Philosophische Aufsätze. Zur objektiven Phantasie. GA Bd. 10. Frankfurt/M.: Suhrkamp.

Bloch Ernst (1988). Spuren. GA Bd. 1. Frankfurt/M.: Suhrkamp.

Boer Dick (2009). Erlösung aus der Sklaverei. Versuch einer biblischen Theologie im Dienst der Befreiung. Münster: Edition ITP-Kompass.

Boer Dick (2017). Theopolitische Existenz – von gestern, für heute. Texte 1978–2014. Hamburg: Argument.

Boer Dick (2019). Wenn nichts mehr stimmt ... Hiob rettet den NAMEN. Hamburg: Argument.

Brecht Bertolt (1967). Me-ti. Buch der Wendungen. Gesammelte Werke Bd. 12. Frankfurt/M.: Suhrkamp. S. 417–585.

Browning Christopher (2003). Die »Entfesselung« der Endlösung. Nationalsozialistische Judenpolitik 1939–1942. München: Propyläen.

Dath Dietmar (2014). Klassenkampf im Dunkeln. Zehn zeitgemäße sozialistische Übungen. Hamburg: KVV konkret. Derrida Jacques (2016). Von der Gastfreundschaft. Wien: Passagen.

Detering Heinrich (2019). Was heißt hier »wir«? Zur Rhetorik der parlamentarischen Rechten. Stuttgart: Reclam.

Eisner Kurt (1919). Gesammelte Schriften Bd. 2. Berlin: Paul Cassirer.

Eisner Kurt (1919a). Die Angst der Toten. In: Gesammelte Schriften Bd. 2. Berlin: Paul Cassirer. S. 131–138.

Eribon Didier (2015). Rückkehr nach Reims. Berlin: Suhrkamp.

Eribon Didier (2017). Gesellschaft als Urteil. Berlin: Suhrkamp.

Ernaux Annie (2019). Der Platz. Berlin: Suhrkamp.

Feldes Werner, Kohte Wolfhard, Stevens-Bartol Eckart (Hg.) (2018). SGB IX. Sozialgesetzbuch Neuntes Buch. Rehabilitation und Teilhabe von Menschen mit Behinderungen. Köln: Bund Verlag.

Feuchtwanger Lion (1975). Erfolg. Drei Jahre Geschichte einer Provinz. Frankfurt/M.: Fischer.

Figal Günter (1988). Martin Heidegger. Phänomenologie der Freiheit. Frankfurt/M.: Athenäum.

Freud Sigmund (1972). Die Traumdeutung. Studienausgabe Band II. Frankfurt/M.: S. Fischer.

Fried Erich (1993). Gesammelte Werke. Gedichte 2. Berlin: Wagenbach.

Geissler Christian (1996). Wildwechsel mit Gleisanschluss. Kinderlied. Berlin: Rotbuch.

Geissler Christian (2018). kamalatta. romantisches fragment. Berlin: Verbrecher.

Geissler Christian (2019). wir erklären die feindschaft. Eine Sonntagsgeschichte im »Neuen Deutschland« 1992. Hamburg: Jahresgabe der Christian-Geissler-Gesellschaft e.V.

Gramsci Antonio (1996). Gefängnishefte Bd. 7 (hg. v. K. Bochmann, W. F. Haug & P. Jehle). Hamburg: Argument.

Gruner Wolf & Nolzen Armin (2001). Editorial. Beiträge zur Geschichte des Nationalsozialismus Bd. 17. »Bürokratien«. Initiative und Effizienz. Berlin: Assoziation A. S. 7–16.

Habermas Jürgen (2019). Auch eine Geschichte der Philosophie. Bd. 2. Vernünftige Freiheit. Spuren des Diskurses über Glauben und Wissen. Berlin: Suhrkamp.

Handke Peter (1997). Zurüstungen für die Unsterblichkeit. Ein Königsdrama. Frankfurt/M.: Suhrkamp.

Handke Peter (1998). Am Felsenfenster morgens (und andere Ortszeiten 1982–1987). Salzburg & Wien: Residenz.

Handke Peter (2010). Immer noch Sturm. Berlin: Suhrkamp.

Handke Peter (2013). Rund um das große Tribunal. Berlin: Suhrkamp.

Handke Peter (2020). Das zweite Schwert. Eine Maigeschichte. Berlin: Suhrkamp.

Hartmann Christian, Plöckinger Othmar, Töppel Roman & Vordermayer Thomas (Hg.) (2016). Hitler, Mein Kampf. Eine kritische Edition. 2 Bände. München: Institut für Zeitgeschichte.

Haug Frigga (2018). Selbstveränderung und Veränderung der Umstände. Hamburg: Argument.

Haug Wolfgang Fritz (1984). Die Camera obscura des Bewusstseins. Kritik der Subjekt/Objekt-Artikulation im Marxismus. In: Projekt Ideologie-Theorie (Hg.), Die Camera obscura der Ideologie. Philosophie – Ökonomie – Wissenschaft. Berlin: Argument. S. 9–95.

Heinrich Klaus (2015). Zum Verhältnis von ästhetischem und transzendentalem Subjekt. Karl Friedrich Schinkel. Albert Speer. Eine architektonische Auseinandersetzung mit dem NS. Frankfurt/M.: ARCH+ / Stroemfeld.

Hirschfeld Gerhard, Krumeich Gerd & Irina Renz (2003). Enzyklopädie Erster Weltkrieg. Paderborn: Schöningh.

Höcke Björn (2019). Nie zweimal in denselben Fluss. Björn Höcke im Gespräch mit Sebastian Hennig. Lüdinghausen & Berlin: Manuscriptum.

Hoffmann E.T.A. (1822/1970). Meister Floh. Ein Märchen in sieben Abenteuern zweier Freunde. Stuttgart: Philipp Reclam jun.

Horkheimer Max (1985). Der Planet – unsere Heimat (1968). In: Gesammelte Schriften in 19 Bänden. Band 8: Vorträge und Aufzeichnungen 1949–1973. Frankfurt/M.: Fischer. S. 318–323.

Jelinek Elfriede (1990). Wolken. Heim. Göttingen: Steidl.

Jung, Edgar Julius (1927). Die Herrschaft der Minderwertigen. Ihr Zerfall und ihre Ablösung. Berlin: Verlag deutsche Rundschau.

Kershaw Ian (1998). Hitler 1889–1936. Stuttgart: Deutsche Verlags-Anstalt.

King Stephen (2015). The Stand. Das letzte Gefecht. München: Heyne.

Kluge (1975). Etymologisches Wörterbuch der deutschen Sprache. Berlin & New York: De Gruyter.

Kosik Karel (1967). Die Dialektik des Konkreten. Eine Studie zur Problematik des Menschen und der Welt. Frankfurt/M.: Suhrkamp.

Krätke Michael (1995). Beamte. In: Historisch-kritisches Wörterbuch des Marxismus Bd. 2. Hamburg: Argument. S. 83–95.

Lessenich Stephan (2019). Grenzen der Demokratie. Teilhabe als Verteilungsproblem. Stuttgart: Reclam.

Longerich Peter (2008). Heinrich Himmler. Biographie. München: Siedler.

Louis Édouard (2019). Wer hat meinen Vater umgebracht. Frankfurt/M.: Fischer.

Marx Karl (1845/1998). ad Feuerbach. In: Marx-Engels-Gesamtausgabe (MEGA) Bd. IV/3. Berlin: Akademie Verlag. S. 19–21.

Marx Karl (1879/1977). Brief an Friedrich Adolph Sorge v. 19. September 1879. In: Marx-Engels-Werke (MEW) Bd. 34. Berlin: Dietz. S. 413.

Marx Karl (1844/1983). Zur Kritik der Hegelschen Rechtsphilosophie. In: Marx-Engels-Werke (MEW) Bd. 1. Berlin: Dietz. S. 378–391.

Marx Karl (1843/1983). Bemerkungen über die preußische Zensurinstruktion. In: Marx-Engels-Werke (MEW) Bd. 1. Berlin: Dietz. S. 1–27.

Marx Karl (1844/1990). Ökonomisch-philosophische Manuskripte aus dem Jahre 1844. In: Marx-Engels-Werke (MEW) Bd. 40. Berlin: Dietz. S. 465–588.

Marx Karl & Engels Friedrich (1848/1983). Manifest der Kommunistischen Partei. In: Marx-Engels-Werke (MEW) Bd. 4. Berlin: Dietz. S. 459–493.

Marx Karl & Engels Friedrich (2017). Deutsche Ideologie. Manuskripte und Drucke. Marx-Engels-Gesamtausgabe (MEGA) I/5. Berlin & Boston: De Gruyter.

Mecking Sabine & Wirsching Andreas (2005). Stadtverwaltung als Systemstabilisierung? Tätigkeitsfelder und Handlungsspielräume kommunaler Herrschaft im Nationalsozialismus. In: dies. (Hg.), Stadtverwaltung im NS. Systemstabilisierende Dimensionen kommunaler Herrschaft. Paderborn: Ferdinand Schöningh. S. 1–22.

Merz Klaus (2013). Unerwarteter Verlauf. Gedichte. Innsbruck: Haymon.

Müller Birgit (2018). Das Gesetz zur effektiveren Überwachung gefährlicher Personen und die daraus erwachsenen neuen Befugnisse der Bayerischen Polizei. Bayerische Verwaltungsblätter 4/2018. S. 109–116.

Müller Heiner (2008). Gespräche 3. 1991–1995. Werke 12. Frankfurt/M.: Suhrkamp.

Negt Oskar (2019). Politische Philosophie des Gemeinsinns. Bd. 1: Ursprünge europäischen Denkens: Die griechische Antike. Göttingen: Steidl.

Opitz Reinhard (1999). Die Formierte Gesellschaft – Rückkehr zum autoritären Staat? In: Liberalismus. Faschismus. Integration. Bd. II: Faschismus. Marburg: BdWi. S. 14–140.

Postone Moishe (2005). Deutschland, die Linke und der Holocaust. Politische Interventionen. Freiburg: ça ira.

Projekt Ideologie-Theorie (2007). Faschismus und Ideologie (neu hg. von Klaus Weber). Hamburg: Argument.

Rabinovici Doron & Klenk Florian (2018). »Alles kann passieren!«. Ein Polittheater. Wien: Paul Zsolnay.

Ratzinger Joseph (2007). Jesus von Nazareth. Erster Teil: Von der Taufe im Jordan bis zur Verklärung. Freiburg: Herder.

Ratzinger Joseph (2011). Jesus von Nazareth. Zweiter Teil: Vom Einzug in Jerusalem bis zur Auferstehung. Freiburg: Herder.

Reuter Julia, Gamper Markus, Möller Christina & Blome Frerk (Hg.) (2020). Vom Arbeiterkind zur Professur. Sozialer Aufstieg in der Wissenschaft. Bielefeld: transcript.

Scharang Michael (2010). Komödie des Alterns. Berlin: Suhrkamp.

Scharang Michael (2020). Aufruhr. Berlin: Suhrkamp.

Schmidbauer Helmut (2020). Kurt Eisner (1867–1919) und sein Attentäter, Anton Graf Arco-Valley (1897–1945). Ihr Leben, ihr Wirken und Nachwirken. Lech-Isar-Land. Heimatkundliches Jahrbuch. Weilheim: Eigenverlag. S. 117–168.

Sperr Martin (1971). Jagd auf Außenseiter. »Jagdszenen aus Niederbayern«. Nördlingen: Weismann.

Sloterdijk Peter (2001). Regeln für den Menschenpark. Ein Antwortschreiben zu Heideggers Brief über den Humanismus. In: ders., Nicht gerettet. Versuche nach Heidegger. Frankfurt/M.: Suhrkamp. S. 302–337.

Strobl Ingrid (1995). Anna und das Anderle. Eine Recherche. Frankfurt/M.: Fischer.

Theweleit Klaus (2015). Das Lachen der Täter: Breivik u. a. Psychogramm der Tötungslust. Wien: Residenz.

Tjaden-Steinhauer Margarete (1994). Armut/Reichtum. In: Historisch-kritisches Wörterbuch des Marxismus Bd. 1. Hamburg: Argument. S. 607–613.

Timm Uwe (1978). Heißer Sommer. Reinbek: Rowohlt.

Timm Uwe (2020). Der Verrückte in den Dünen. Über Utopie und Literatur. Köln: Kiepenheuer & Witsch.

Tokarczuk Olga (2019). Unrast. Zürich: Kampa.

Uhl Matthias, Pruschwitz Thomas, Holler Martin, Leleu Jean-Luc & Pohl Dieter (2020). Die Organisation des Terrors. Der Dienstkalender Heinrich Himmlers 1943–1945. München: Piper.

Vuillard Éric (2018). Kongo. Berlin: Matthes & Seitz.

Wallace David Foster (o. J.). Das hier ist Wasser. Gedanken zu einer Lebensführung der Anteilnahme vorgebracht bei einem wichtigen Anlass. Frankfurt/M.: Büchergilde Gutenberg.

Weber Klaus (2004). Heimat. In: Historisch-kritisches Wörterbuch des Marxismus Bd. 6/I. Hamburg: Argument. S. 45–54.

Weber Klaus (2004a). Zwangsarbeit in Kolbermoor. Ein Interview mit Pawlina Mironowa. Jahrbuch zur Geschichte Kolbermoors Bd. 2. Kolbermoor: Eigenverlag. S. 109–136.

Weber Klaus (2016). Adolf Hitler nach-gedacht. Psychologie, Person, Faschismus. Hamburg. Argument.

Weber Klaus (2018). Resonanzverhältnisse. Zur Faschisierung Deutschlands. Politisches Tagebuch. Hamburg: Argument.

Weber Klaus (2020). Hitlerverehrung, Volkstod und Verschwörungstheorien. AfD im Bezirkstag von Oberbayern. München: Eigenverlag.

Weithmann Michael W. (2007). Kleine Geschichte Oberbayerns. Regensburg: Pustet.

Zweig Stefan (1954). Ein Gewissen gegen die Gewalt. Castellio gegen Calvin. Berlin & Frankfurt/M.: S. Fischer.

KLAUS WEBER
RESONANZVERHÄLTNISSE
ZUR FASCHISIERUNG DEUTSCHLANDS

Politisches Tagebuch

Reflektierend, gewitzt und wachsam spürt Klaus Weber der Faschisierung unserer Gesellschaft nach – in Alltagsszenen auf der Straße, im Café, an der Hochschule, in den Bergen, in den täglich gelesenen und gehörten Medien. Sein politisches Tagebuch ist aufrührerisch und kurzweilig mit langem Nachhall.

ISBN: 978-3-86754-510-5

ARGUMENT